O MITO
VIAGRA

Abraham Morgentaler

O MITO
VIAGRA

O surpreendente
impacto no amor e
nos relacionamentos

Ediouro

Título Original:
The Viagra Myth

Copyright © Abraham Morgentaler (2003)
Todos os direitos reservados. Tradução autorizada da
língua inglesa da edição publicada por Jossey-Bass, Inc.
a John Wiley & Sons, Inc. company.
Copyright da tradução © 2004 by Ediouro Publicações Ltda.

Capa e projeto gráfico: Marcelo Martinez
Produção editorial: Jaqueline Lavôr

Coordenação editorial: Página Viva
Preparação: Otacílio Nunes
Revisão: Regina Pereira e Genulino José dos Santos

CIP-BRASIL. CATALOGAÇÃO-NA-FONTE
SINDICATO NACIONAL DOS EDITORES DE LIVROS, RJ.

M848m	Morgentaler, Abraham O mito Viagra / Abraham Morgentaler ; tradução de Marcos Maffei. – Rio de Janeiro : Ediouro, 2004 Tradução de: The viagra myth ISBN 85-00-01571-3 1. Citrato de sildenafil - Obras populares. 2. Impotência sexual - Obras populares. 3. Viagra (Medicamento) - Obras populares. I. Título.
04-2500.	CDD 616.693 CDU 616.69-008.1

Todos os direitos reservados à Ediouro Publicações Ltda.

Rua Nova Jerusalém, 345 Bonsucesso
Rio de Janeiro - RJ - CEP 21042-230
Tel.:(21)3882-8200 Fax: (21) 2260-6522

SUMÁRIO

APRESENTAÇÃO 7

AGRADECIMENTOS 11

INTRODUÇÃO 13

1. O VIAGRA E A CURA PERFEITA 21

2. A VANTAGEM DO VIAGRA.
   MAIS DURO É MELHOR? 43

3. A ANSIEDADE COM A PERFORMANCE
   E O VIAGRA 59

4. VIAGRA E DESEJO 81

5. VIAGRA E EJACULAÇÃO PRECOCE 107

6. QUANDO O VIAGRA NÃO FUNCIONA 135

7. O MITO DO VIAGRA EM
   RELACIONAMENTOS GAY 161

8. O VIAGRA E O CÂNCER DE PRÓSTATA 181

PERGUNTAS MAIS COMUNS
   SOBRE O VIAGRA 207

EPÍLOGO: O FUTURO DO MITO DO VIAGRA 217

BIBLIOGRAFIA 223

*À minha irmã, Goldie, por seu firme amor,
e às minhas filhas, Maya e Hannah,
por trazerem tanta alegria para a minha vida.*

APRESENTAÇÃO

É DE CONHECIMENTO geral que os homens se mostram extremamente preocupados quando deparam com dificuldades em seu comportamento sexual. Afinal de contas, desde muito cedo alguns meninos se sentem inseguros e angustiados quando não conseguem enfrentar situações mais difíceis e agressivas – e esse comportamento irá se repetir na adolescência, diante das primeiras conquistas sexuais.

O temor do insucesso nessas tentativas irá marcar decisivamente a auto-estima do futuro homem. As primeiras relações sexuais passam a se constituir em verdadeiro vestibular na vida deles. É importante salientar que a educação nunca preparou o homem para enfrentar suas falhas ou limitações, principalmente no campo sexual. Pelo contrário, o fez acreditar desde pequeno que ele "pode tudo" e que, com vontade e um pouco de sorte, conquistará todas as glórias (mulheres).

O autor de *O mito Viagra* mostra o impacto devastador provocado nos homens pela incapacidade de obter e manter a ereção para uma boa relação sexual. Os homens sexualmente disfuncionais ficam angustiados ao perceber que é possível ter ereções ao acordar ou mesmo por meio da masturbação, mas que dificilmente as conseguem no ato sexual. Assim, passam a evitar o contato com a parceira, demonstrando desinteresse por qualquer carinho, como beijos e abraços.

A vergonha de muitos homens em buscar solução é maior do que o sofrimento do problema sexual. O sentimento de humilhação é tão grande que o indivíduo se esconde. Chega ao consultório cabisbaixo, intimidado, e a grande ironia é que a maior barreira para resolver a questão é justamente a resistência dele em aceitá-la. Apesar do impacto negativo que a disfunção erétil acarreta ao homem, nos Estados Unidos apenas 20% dos indivíduos com essa disfunção buscam tratamento e, às vezes, demoram de dois a três anos para procurar ajuda médica.

Com o surgimento do Viagra, esse quadro começa a mudar. Até então, a disfunção erétil era tratada na maioria dos casos apenas com abordagem psicológica. A grande angústia desses homens obrigou a medicina a dar-lhes respostas para as disfunções sexuais, inicialmente com a implantação da prótese peniana e, a partir da década de 1980, com o uso de auto-injeção de prostaglandina, em virtude de doenças que comprometiam a ereção, como a diabetes, o câncer prostático e distúrbios cardiovasculares.

É importante frisar que a ansiedade de desempenho faz com que o homem, independentemente de ter um bom relacionamento e amizade com a sua parceira, fique a maior parte do tempo preocupado com o seu problema sexual, às vezes sem conseguir trabalhar satisfatoriamente. Sofre a cada momento. Por exemplo, ao pensar numa mulher interessante ou ver uma cena sensual na televisão, ele não consegue participar emocionalmente daquilo a que assiste. Esse retraimento, devido à ansiedade de desempenho, é um processo autodepreciativo de tristezas constantes e de idéias obsessivas sobre a sua problemática sexual.

As mulheres, ao contrário do que pensam muitos homens disfuncionais, se mostram tolerantes, compreensivas, mas às vezes angustiadas e deprimidas por acreditar que o desinteresse demonstrado pelos seus parceiros está ligado ao desamor, a algum relacionamento extraconjugal ou, ainda, ao aumento de peso delas nos últimos quinze, vinte anos de casamento. As que se mostram receptivas às consultas médicas regulares já incorporaram o hábito de fazer exames preventivos de câncer de mama ou do colo do útero, ou para apontar a necessidade (ou não) de reposição hormonal na menopausa.

Os homens, contrariamente, se mostram arredios e mesmo preconceituosos ao fazer um exame prostático, ou envergonhados por ter de enfrentar uma avaliação médica para cuidar de sua disfunção erétil.

Com o advento do Viagra, os homens inicialmente assumiram uma postura tímida e até preconceituosa, como forma de negar a necessidade de usá-lo para resolver um problema de potência. E também surgiram notícias alarmantes, que relacionavam o medicamento com risco de vida ou mesmo morte, o que não foi comprovado.

Mas o poder da pílula azul se mostrou muito rapidamente, à medida que homens com desempenho ou com dificuldade de irrigação sangüínea no pênis passaram a funcionar bem sexualmente, por várias horas após o uso do Viagra.

A conseqüente melhora do desempenho sexual tem impacto positivo na qualidade de vida do casal. A mulher conta que o marido se tornou afetuoso e atencioso a semana toda, e passa a se sentir mais valorizada e segura por estarem afetivamente mais felizes. Nesse aspecto, o autor mostra as diferentes reações de homens e mulheres. Enquanto eles estão preocupados em retomar a confiança na potência, elas anseiam por atenção e afeto.

Outro aspecto que se deve considerar é que o Viagra provou ser bastante eficaz para tratar a disfunção erétil, seja a sua causa física seja psicológica, principalmente quando a qualidade do vínculo conjugal é boa. Pelo contrário, quando as discórdias agravam a qualidade do relacionamento o uso do Viagra deve ser feito após o urologista ou terapeuta sexual ajudar o casal a resolver seus atritos.

É ainda oportuno assinalar que o Viagra atua basicamente facilitando a obtenção da ereção. Entretanto, casais que se mostram às vezes acomodados, apáticos, revelam um aumento de interesse e do desejo sexual quando o relacionamento volta a se constituir em fonte de prazer.

Muitas lições podem ser aprendidas com a leitura deste livro. O Viagra, depois da pílula anticoncepcional, foi uma descoberta médica inédita nesta virada de milênio. Os homens com disfunção erétil de fundo emocional, em quase a sua totalidade, retomam o vigor e a autoconfiança desde que o médico tenha sensibilidade e tempo disponível para ajudá-los a reduzir as cobranças no plano sexual.

A retomada da vida sexual de um casal disfuncional mostra que se pode identificar os conflitos que bloqueiam a manifestação saudável da sexualidade por meio de longas conversas, que vão dando oportunidade de aprender a ver o mundo através da ótica do parceiro, e vice-versa.

O Viagra não tem efeito direto sobre a ejaculação, mas somente nos vasos sangüíneos, permitindo um fluxo de sangue maior, melhorando a ereção. Porém, muitos homens que procuram o urologista com queixa de ejaculação rápida na realidade se envergonham ao reconhecer que suas ereções são pouco vigorosas e que o temor do insucesso está sempre presente. Essa ansiedade dispara o gatilho ejaculatório, fazendo-o acreditar (erroneamente) que o problema é falta de controle ejaculatório.

O aspecto mais negativo da ejaculação rápida é o fato de limitar a relação sexual, e quase sempre impedir que as mulheres obtenham prazer sexual. A abordagem psicológica tem contribuído para a reaquisição do controle ejaculatório, e ultimamente antidepressivos de última geração (inibidores de reabsorção de serotonina) têm se mostrado eficazes. Esses medicamentos retardam a ejaculação enquanto estão sendo usados, e quando o homem pára de tomá-los o descontrole volta a ocorrer, o que evidencia a necessidade de associar a psicoterapia para remover os fatores emocionais implicados.

O autor mostra, ainda, as possibilidades do Viagra em homens que tiveram câncer de próstata. Demonstra que muitos casos nessas condições se beneficiam do uso de auto-injeção ou da colocação de prótese de silicone.

Por fim, *O mito Viagra* deixa claro que o médico que cria um clima receptivo, com boa relação médico-paciente, encoraja esse homem (ou mesmo o casal) a enfrentar seus problemas de forma franca, direta e transparente para garantir os laços de confiança que se constituem nos pilares de sustentação para uma vida sexual plena e feliz.

Dr. Moacir Costa
Médico psicoterapeuta

AGRADECIMENTOS

ESTE LIVRO FOI desenvolvido em vários estágios, e eu gostaria de agradecer ao dr. Harold Burzstajn por ter percebido a utilidade de um livro sobre o Viagra e a sexualidade e por me sugerir esse tema. Pat Wright e a dra. Laura Berman fizeram parte de nossa "usina de idéias" original voltada para a criação de um livro sobre o Viagra e ajudaram o projeto avançar de um conceito para uma proposta concreta. Pat me apresentou a meu futuro agente, Jim Levine, o qual forneceu as críticas perspicazes que tornaram o projeto mais bem direcionado e digno de encontrar um editor. Pat também fez um excelente trabalho ao redigir uma proposta de livro persuasiva.

Foi para mim uma grande sorte ter entrado em contato com meu editor, Alan Rinzler, da Josey-Bass. Foi maravilhoso contar com alguém que entendia o que eu queria dizer e depois me ajudava a achar as palavras para expressá-lo com clareza. A sabedoria, o ouvido apurado e a mão segura de Alan fizeram deste livro um todo coerente. Obrigado, Alan. Agradeço também a Jennifer Wenzel, Ellen Silberman, e Gary Stromberg pelo marketing e pela publicidade, a Carol Hortland pela gerência de produção e a Bev Miller pela revisão.

Fui abençoado por nascer numa família de escritores. Meu pai, dr. Henry Morgentaler, leu cada palavra do manuscrito e fez sugestões e críticas valiosas. Minha mãe, Chawa Rosenfarb, e minha irmã, dra. Goldie Morgentaler, leram capítulos escolhidos e me deram estímulo e apoio. Os caros amigos Mike Schopperle e Bonnie St. John leram partes do manuscrito para mim. Obrigado, também, aos outros maravilhosos amigos e conhecidos com os quais discuti vários aspectos do livro e que me contaram alguns dos casos que descaradamente tomei emprestados e incluí aqui.

Como de costume, minha equipe na Men's Health Boston cuidou de todos os detalhes de minha clínica enquanto eu concentrava minha atenção na finalização deste livro. Muito me orgulho de Kerry e Randy Eaton, Kevin Flinn, Stephanie Hayes, Vicki Zdanovich e Mel Delger, por terem criado o ambiente médico mais cordial e profissional de Boston.

Agradeço, por fim, a meus pacientes, homens e mulheres que tiveram a coragem de compartilhar suas histórias e batalhas comigo. Espero que este livro faça justiça aos inspiradores atos de bravura e honestidade que testemunho todos os dias. Permitir que eu contribua para a vida deles é um presente que eles me dão e que me convenceu de que tenho a melhor profissão do mundo.

ABRAHAM MORGENTALER

INTRODUÇÃO

EM 1998, O VIAGRA foi apresentado ao mundo, e é lícito dizer que desde então o mundo não tem sido mais o mesmo. O impacto desse medicamento tem sido enorme, não só na área restrita do tratamento da disfunção erétil (DE) para o qual foi aprovado, mas também na maneira como pensamos o sexo e a sexualidade, e até mesmo no âmbito dos relacionamentos entre homens e mulheres.

Milhões de homens nos Estados Unidos experimentaram o remédio maravilhoso da Pfizer, sildenafil, mais conhecido como Viagra, e há assim milhões de mulheres que viram seus efeitos em seus maridos, namorados e amantes. Muitos outros milhões de homens e mulheres se perguntam se o Viagra pode oferecer uma solução para seus próprios problemas sexuais e emocionais, ou para os problemas de seus parceiros. Afinal, nós, seres humanos, somos animais sexuais. E infelizmente nossas vidas sexuais nem sempre são como gostaríamos que fossem. Portanto, não é nenhuma surpresa que, quando o sexo vai mal, os relacionamentos acabem sendo prejudicados também de outras maneiras.

Como urologista em atividade em Boston, no corpo docente da Harvard Medical School, tratei de muitos homens com problemas sexuais e muitos casais com dificuldades sexuais em seus relacionamentos. Sabia sobre o desenvolvimento do Viagra antes de ele ter sido apresentado ao público, e me envolvi em sua aplicação clínica assim que a Food and Drug Administration aprovou o novo remédio. Previra usar o Viagra principalmente para pacientes mais velhos com disfunções eréteis já claramente estabelecidas, mas não demorei muito a perceber que havia subestimado a vasta extensão do interesse do público em experimentar esse novo medicamento. Por exemplo, logo depois de o Viagra ter ficado disponível, um cirurgião ortopédico foi falar comigo na sala dos cirurgiões quando tomava um café entre uma operação e outra.

"O que eu preciso saber para poder receitar o Viagra?", ele perguntou. "Tenho um paciente que acho que devia experimentá-lo."

Tenho grande respeito por meus colegas ortopedistas, mas ainda estou para encontrar um disposto a tratar de um problema fora de sua área de especialidade em ossos e cartilagens. Era evidente que o paciente do cirurgião era ninguém menos que ele próprio!

Todo mundo quer saber sobre o Viagra, e muitos estão interessados em experimentá-lo, achando ou não que têm um problema de ereção. Quando dou aulas sobre sexualidade na Harvard Medical School, sempre há uma grande quantidade de perguntas sobre o Viagra, tais como "O que acontece quando um homem jovem e saudável com um funcionamento sexual normal toma Viagra?" Ou "Uma mulher tem como saber durante o ato sexual se o seu parceiro tomou Viagra?" Ou "É verdade que o Viagra aumenta o impulso sexual do homem?" Ninguém jamais dorme nessas aulas!

O Viagra rapidamente fez com que emergisse um conjunto de fantasias esperançosas que espelham a ânsia de nossa cultura pela certeza e por soluções rápidas. Apoiada em histórias que descreviam homens mais velhos cuja vitalidade sexual era restaurada a tal ponto pelo Viagra que eles abandonavam suas esposas por mulheres mais jovens, difundiu-se uma sabedoria popular de que o Viagra era uma fonte de juventude, uma cura infalível, a coisa certa. Os *baby boomers* podiam agora ter uma vida sexual fabulosa até bem depois dos 90 anos. Homens trocavam histórias sobre o Viagra em coquetéis e em volta do bebedouro no escritório.

"A única coisa que eu posso dizer é 'Uau!'", falou um deles, e os outros ouviram se perguntando como suas vidas poderiam ser diferentes se também eles tomassem a pílula azul mágica.

Também as mulheres foram alvo das campanhas publicitárias, para confirmar a capacidade do Viagra de criar satisfação e serenidade numa relação em que antes a frustração e os atritos haviam sido a regra. Um dos mais bem-sucedidos anúncios iniciais da Pfizer mostrava uma série de casais dançando felizes juntos, depois de o Viagra ter aparentemente curado a perda de ritmo em seus relacionamentos.

O ex-senador e então candidato a presidente Bob Dole apareceu em comerciais da Pfizer logo depois da introdução do Viagra e instantaneamente tornou os termos *Viagra* e *disfunção erétil* palavras de uso corrente. Piadas com o Viagra tornaram-se rotina em programas humorísticos de fim de noite na televisão (Você ouviu aquela do cara que tomou Viagra, mas ficou com ele entalado na garganta? Ele acabou ficando com o pescoço superduro!), assegurando desse modo seu lugar em nosso léxico cultural. O Viagra repercutiu tanto em nossas fantasias quanto em nossos constrangimentos com a sexualidade de uma maneira como nenhum outro remédio jamais fizera. Quando, por exemplo, foi a última vez que você ouviu alguma piada sobre um novo remédio para reduzir o colesterol?

Um marketing habilidoso contribuiu para a nossa percepção do Viagra como a pílula responsável pela virilidade do homem. Atletas profissionais de sucesso – homens vigorosos como o jogador de beisebol Rafael Palmero, dos Texas Rangers, e o piloto do NASCAR Mark Martin – aprovam o medicamento em anúncios amplamente difundidos. Outros tipos de atleta também usam o Viagra. Hugh Hefner, o já velho magnata do império da *Playboy,* conhecido por seu bando de belas loiras, atribui ao Viagra a manutenção de seu quociente de prazer. O boato é que em suas famosas festas são servidas tigelas com comprimidos de Viagra.

O mágico Viagra. Um remédio prodígio. Ou ao menos é nisso que passamos a acreditar. Mas será que a realidade corrobora o mito? O Viagra é assim *tão* bom? Consegue realmente resolver os problemas de ereção? E quanto aos problemas de relacionamento? O que faz o Viagra por um homem que perdeu seu desejo sexual, ou por um que simplesmente está nervoso porque vai fazer sexo com uma nova parceira? Qual é a verdade?

Como alguém que trata homens com Viagra quase todos os dias, posso testemunhar sobre os efeitos notáveis desse medicamento. Para muitos homens e suas parceiras, o Viagra indiscutivelmente proporcionou melhoras significantes em suas vidas, e num grau que anteriormente não era possível com outros tratamentos. E no entanto há evidentemente muito mais em jogo na questão da sexualidade e dos relacionamentos humanos do que o mito do Viagra nos faz crer. O mito do Viagra tem menos a ver com a eficácia do medicamento do que com nossa propensão cultural a procurar a solução fácil. O mito sugere que uma pílula que melhora o fluxo de sangue para o pênis pode resolver problemas pessoais de relacionamento, por mais complexos que eles sejam.

Comecei a me interrogar sobre a falta de conexão entre o mito do Viagra e a realidade logo depois que comecei a receitar o medicamento. John, um homem de 55 anos, casado há mais de vinte, voltou a me ver três meses depois de eu ter lhe receitado Viagra como tratamento para sua disfunção erétil, da qual ele sofria havia mais de dois anos.

"Então, John, como o Viagra tem funcionado para você?", perguntei.

"Bom, funciona. Mas eu não o estou tomando mais."

"Por que não?"

"Para falar a verdade, minha mulher e eu decidimos nos separar. Todo esse tempo eu achava que, se eu pudesse voltar a fazer sexo com ela, tudo se resolveria. Mas acontece que nossos problemas eram maiores do que essa coisa do sexo. Então estamos nos separando."

O Viagra fizera maravilhas para o problema de ereção de John, mas nada para resolver seu problema de relacionamento.

Depois houve o caso de Chester, que aos 71 anos se queixara inicialmente de que suas ereções eram só semifirmes. O sexo com sua mulher se tornara embaraçoso e insatisfatório, e ele pedira especificamente uma receita de Viagra. Parecia um pedido razoável, e seu exame médico não revelara nenhum risco para sua saúde, então eu receitei o remédio. Quando Chester retornou para uma consulta, vários meses depois, falou de vários outros problemas médicos, mas não mencionou em nenhum momento como estava sua vida sexual, mesmo tendo sido essa sua principal preocupação na última consulta.

"Você chegou a experimentar o Viagra?"

Chester abriu um grande sorriso, e havia um brilho em seus olhos. "Ah, o Viagra! Bom, sem dúvida me deixa mais rijo!", disse ele, dando uma risadinha. "Mas eu não preciso dele. A mulher e eu estamos bem do jeito que as coisas vão sem ele. Sabe, eu não quero mimá-la!"

John e Chester são apenas dois exemplos dos numerosos homens para quem o Viagra funciona no sentido físico do modo que se espera, mas não atende a suas expectativas em outros aspectos. Mesmo quando o Viagra funciona, homens como John e Chester com freqüência não querem tomá-lo, e suas razões variam. Embora eu tenha recebido em meu consultório homens assim todos os dias e acompanhado atentamente suas histórias, mesmo assim fiquei surpreso ao saber que menos de 50% das receitas de Viagra são renovadas. O que aconteceu com a velha piada suja que diz que tudo o que um homem precisa para ser feliz é um pênis duro e um lugar para metê-lo? Poderia nossa percepção do Viagra e da sexualidade masculina estar tão fora de compasso assim?

Surpreendentemente, a resposta é sim. O mito do Viagra, que promove a noção de um pênis duro como a salvação dos relacionamentos sexuais, está tão difundido que até mesmo profissionais do ramo se deixam levar por ele. Após refletir sobre casos como os de John e Chester e suas parceiras, comecei a ver a enorme diferença entre as aparências e a realidade quando estão em questão relacionamentos sexuais.

Muitos de meus pacientes homens, com muitas de suas parceiras, acabaram percebendo que obter uma ótima ereção afinal não resolvia seus problemas de relacionamento. De fato, freqüentemente os tornava piores. Como no caso de John e sua mulher, às vezes, quando o problema de ereção é resolvido, os casais são forçados a lidar com problemas mais profundos no relacionamento.

À medida que ouvia meus pacientes, fui percebendo que nossa cultura pegara o Viagra e criara a partir dele uma lenda que ia bem além de suas propriedades farmacológicas. As pessoas passaram a pensar que tomar um pilulazinha azul seria a solução para seus problemas pessoais e de relacionamento, não importando quão complexas essas dificuldades fossem. Ouvi variações sobre esse tema quase diariamente. Homens ou suas parceiras pediam receitas de Viagra para todo tipo de problema, às vezes com sintomas sexuais mínimos: falta de desejo, conflitos nos relacionamentos existentes, medo da intimidade, ou o desejo de se tornar um supergaranhão sexual. A gama de problemas para os quais os homens só viam chance de um tratamento bem-sucedido usando o Viagra me deixava atônito. Essa aura em volta de um medicamento que melhora o fluxo de sangue para o pênis é claramente um reflexo de quem somos e de nosso desejo de uma solução fácil e rápida. Chamei essa percepção exagerada do Viagra como um remédio milagroso para vários problemas complexos de "mito do Viagra".

Sim, o remédio é enormemente potente, e pode ser um salva-vidas para muitos homens, mas também aponta um holofote fortíssimo para áreas anteriormente ocultas da sexualidade e dos relacionamentos. Em particular, ele força os casais a decidir o que é real em seu relacionamento e o que não é. Passei a ver o Viagra como capaz de fornecer uma janela para a psique dos homens, e talvez indiretamente também das mulheres, pois elas não estão imunes às altas expectativas indevidas em relação aos benefícios do Viagra e a seu potencial para resolver problemas sexuais.

As lições que aprendi ouvindo meus pacientes e suas parceiras formam a base deste livro, e nas páginas que se seguem compartilharei as histórias daqueles que tanto me ensinaram sobre sexo e sexualidade e, por extensão, sobre crescimento pessoal e humanidade.

As lições que aprendi são surpreendentes, profundas, e com freqüência inspiradoras. O que significa para um homem perder sua noção de masculinidade e sua auto-estima? Como essa perda se manifesta no relacionamento entre ele e sua parceira? Como os casais sobrevivem quando um homem perde a capacidade de funcionar sexualmente? Como ele se sente quando recupera seus poderes sexuais? Como uma mulher se sente quando seu parceiro é restaurado a seu "vigor juvenil" depois de um prolongado período de inatividade?

Este é um livro sobre pessoas reais. Os homens e as mulheres que passam por meu consultório compartilham detalhes íntimos de suas vidas que de outro modo jamais viriam à luz, não fosse por este livro. Naturalmente, nomes e detalhes foram alterados para preservar a privacidade, e em muitas histórias combinei características de dois ou mais pacientes. Cada história é singular, e no entanto há temas familiares para qualquer leitor, dado o que que há de comum na experiência humana. Os homens querem se sentir poderosos, capazes e aceitos, e poder se relacionar com as suas parceiras de uma maneira que afirme essas qualidades. As mulheres querem se sentir atraentes para seus parceiros e conectadas emocionalmente. Quando o sexo começa a desandar, em particular devido a problemas de ereção, não só os relacionamentos desmoronam, mas tanto homens quanto mulheres perdem seu chão em necessidades humanas das mais fundamentais: identidade segura e conexão íntima.

Com certeza, o poder do Viagra está em sua capacidade de corrigir os problemas de ereção de um homem. Se essa solução é o que basta para corrigir a rota do navio, depende dos indivíduos envolvidos e do que eles levam de si mesmos para bordo. Com muita freqüência, como mostram as histórias que seguem, homens e mulheres estão em campos opostos em seus relacionamentos, faltando-lhes uma linguagem comum para se entenderem. Como os comerciais e os testemunhos na mídia continuamente nos lembram, o Viagra pode ajudar a resolver um problema de ereção. Mas se um homem está tão-somente preocupado com seu machismo perdido, enquanto sua parceira se ressente de uma falta de intimidade emocional, o reaparecimento de um pênis firme dificilmente lhes oferecerá um e-viveram-felizes-para-sempre. Os dois serão vítimas do mito do Viagra.

Para dissipar esse mito e ajudar os leitores a distinguir entre fato e ficção, este livro busca responder algumas das perguntas mais freqüentemente feitas por meus pacientes, tais como:

– Quando o Viagra é a cura "perfeita"?
– Quando o Viagra, em vez de ser uma cura, é um obstáculo num relacionamento?

– Como um homem pode saber se sua parceira o ama ou ama o Viagra?

– O que uma mulher vivencia quando está com um homem que só consegue funcionar sexualmente com o Viagra?

– Se um homem só funciona com o Viagra, ele continua a se ver como impotente, ou se sente inautêntico?

– O Viagra torna um homem mais viril, mais atraente, e um amante melhor?

– O que acontece quando um homem não conta a sua parceira que está tomando Viagra? Ela tem como perceber? É o mesmo que mentir?

– Qual a relação entre uma ereção e o desejo?

– O Viagra funciona depois de uma cirurgia na próstata?

– Se o Viagra não funciona para um homem, ele nunca mais será capaz de fazer sexo?

– Um casal pode fazer sexo sem uma ereção?

– O Viagra torna o sexo menos espontâneo e mais previsível?

Escrevi este livro com a esperança de provocar uma discussão sobre sexualidade mais franca e ponderada do que a que existe hoje. Num nível prático, espero que homens e mulheres possam usar essas histórias como pontos de partida para melhorar o diálogo que têm entre si em seus relacionamentos, e em última instância para criar uma vida mais plenamente satisfatória para si mesmos. Também espero que este livro conduza a um uso mais realista do Viagra e de outras terapias sexuais, beneficiando todos os homens e mulheres, e seus relacionamentos.

CAPÍTULO 1

O VIAGRA E A CURA PERFEITA

O VIAGRA É UMA INVENÇÃO recente, mas o sexo, não. E, durante todo o tempo em que seres humanos se envolveram em atividades sexuais, sempre houve impotência. A palavra *impotência* apareceu no século XV, mas hoje em dia foi abandonada nos círculos politicamente corretos em favor do termo *disfunção erétil,* ou, mais coloquialmente, DE.

Inacreditavelmente, foi necessária uma reunião de um comitê de especialistas para decidir a mudança de nome. Em 1993, no *Consensus Meeting* [Encontro de consenso] dos *National Institutes of Health* [Institutos Nacionais de Saúde], os participantes concordaram que a insuficiência do pênis em obter e manter rigidez adequada para a relação sexual era equivalente a outros tipos de insuficiência de órgãos, tais como a disfunção hepática em doenças do fígado. Além disso, os especialistas reconheceram que a palavra *impotência* tinha conotações negativas que não deviam ser evocadas apenas porque o pênis de um homem não funcionava adequadamente. Ser impotente, afinal, significa que alguém carece de poder, de força ou de efetividade. Como não atribuiríamos tais qualidades a alguém cujo fígado não funciona bem, os participantes do encontro concordaram que o termo *impotência* não deveria ser aplicado a homens com disfunção erétil.

Ainda assim, diferentemente daqueles com doenças no fígado ou nos rins, ou com distúrbios no ritmo dos batimentos do coração, homens com disfunção erétil *de fato* se sentem impotentes, na mais completa acepção da palavra. Por essa razão, continuo a usar a palavra, alternando-a com disfunção erétil. Depressão, constrangimento, uma percepção diminuída de sua masculinidade – esses são alguns dos sentimentos que os homens vivenciam quando a disfunção erétil ocorre.

As mulheres costumam ficar surpresas com o grau de desespero que os homens mostram quando a ereção falha. Claro, na hora pode ser uma decepção para ambos os parceiros. Mas, quando acontece pela primeira vez a um casal, muitas mulheres a encaram com uma atitude de "ah, tudo bem...", esperando que haja outras oportunidades depois.

Só raramente os homens reagem assim. Tipicamente, eles passam por um frenesi de ansiedade e desespero quando não conseguem uma ereção durante uma relação sexual. A experiência vira piada no primeiro dos filmes *Austin Powers,* quando o detetive Austin perde temporariamente seu "*mojo*". O aspecto atrevido, sexualmente agressivo, de sua *persona* desaparece até ele voltar ao normal. De um modo muito mais sério, muitos jovens fantasiam sobre serem grandes amantes – um casanova ou um don juan –, mas, se o pênis deles não cooperar o suficiente nem para começar, que esperança de grandeza sexual eles podem ter? Uma torrente de questões precipita-se quando eles experimentam pela primeira vez um disfunção erétil:

"O que está acontecendo?"
"Por quê?"
"Por que agora?"
"Isso significa que meu pênis nunca mais vai funcionar?"
"Será que nunca mais vou conseguir fazer sexo?"
"Ela vai rir de mim?"
"Ela vai me deixar?"
"Será que ela vai contar pra todo mundo e me envergonhar?"

Uma vez que a ereção normal ocorre como que por mágica, a falha do pênis em reagir adequadamente numa situação sexual pode ser um desagradável mistério para o homem que passa por ela. Uma ereção é uma das poucas coisas da vida que não podem ser melhoradas por meio de maior determinação ou pela força de vontade. Uma mulher pode se virar e dizer despreocupadamente "Vamos dormir, e aposto que amanhã vai ser ótimo". O homem provavelmente não vai conseguir pregar o olho.

Na manhã seguinte, ele pode tentar de novo, com uma espécie de entusiasmo, mas, em vez de desfrutar o momento, fica pensando o tempo todo: "Será que vai funcionar? Está duro o bastante?" Sua ansiedade só piora as coisas. E, se a segunda tentativa e a terceira são também fracassos, o homem provavelmente entrará numa angústia profunda da qual talvez seja difícil escapar. Ele pode até querer desistir de vez do sexo e se esconder em sua caverna.

Os homens têm tendência a pensar em termos dramáticos, orientados para a ação, e em absolutos, como "nunca mais vou tocar nela". Mas, se o homem se afasta emocional ou fisicamente, a mulher pode se perguntar se a falta de conexão não foi de alguma maneira culpa *dela*: algo que ela disse, ou fez. As mulheres se sentem frustradas quanto as coisas parecem não estar bem, e os homens se recusam inteiramente a falar sobre o assunto. A falha do pênis em reagir pode assim causar um enorme estrago num relacionamento devido às maneiras diferentes como homens e mulheres reagem ao comportamento sexual e a suas mensagens não exatamente claras.

A diferença das atitudes sexuais entre homens e mulheres não é nenhuma surpresa para qualquer um que tenha passado mais do que uns poucos anos neste planeta. Homens e mulheres diferem em suas atitudes em relação a tantas coisas que às vezes é difícil entender como conseguem se relacionar uns com os outros. Quando o sexo se torna um problema, essas diferenças ficam ampliadas, e mesmo relacionamentos de longa duração podem sofrer tremendamente. Como as duas pessoas num relacionamento conseguem de volta seu *mojo*?

É aí que entra o Viagra, com todas as suas armadilhas e promessas. O mito do Viagra emite uma mensagem poderosa, afirmando que o remédio pode restaurar a total potência de um homem e salvar um relacionamento em ruínas. Mas quanta verdade há no anúncio do Viagra que mostra o marido satisfeito assobiando quando sai para o trabalho de manhã depois de ter tomado a pilulazinha azul, enquanto sua mulher sorri tão misteriosamente quanto a Mona Lisa, sentada à mesa do café tomando seu café da manhã, envolta em seu robe felpudo? Será que isso não passa de um momento publicitário, fictício e irrealista?

Na verdade, tais momentos de fato ocorrem, e não raro. O Viagra mudou a paisagem dos relacionamentos, suavizando alguns dos vales e depressões mais difíceis.

Para compreender os limites do mito do Viagra, portanto, é necessário primeiro ver o que acontece quando tudo dá certo. A capacidade do Viagra de transpor obstáculos aparentemente intransponíveis nos relacionamentos pode ser extraordinária, como demonstra o caso seguinte.

UM CASAMENTO COM PROBLEMAS

Num dia de outubro, George, um empreiteiro de 58 anos, e sua mulher, Marie, chegaram para sua consulta das onze horas em minha clínica, Men's Health Boston. George e Marie vieram de carro de sua casa em Lynn, Massachusetts, uma comunidade a nordeste de Boston, onde moravam havia cerca de 25 anos. Com 1,90 m de altura e bem mais de 100 quilos, George ocupou praticamente cada centímetro da porta ao entrar em meu consultório. Sua mulher, Marie, *petite,* frágil e alguns anos mais jovem que George, parecia ofuscada pela enorme presença dele, embora desse uma impressão bem definida de determinação. George parecia bem menos disposto a estar ali.

Sem nem mesmo olhar na ficha, eu já sabia por que aquele casal viera me ver.

Apesar de toda a publicidade e das conversas francas que agora ouvimos sobre sexo e problemas de ereção em programas de entrevistas na televisão e em comerciais, apenas cerca de 20% dos homens com disfunção erétil chegam a procurar ajuda profissional. Quando se considera que só nos Estados Unidos há mais de 30 milhões de homens que têm algum sintoma de disfunção erétil, isso significa que uma grande parcela deles continua a viver com a auto-estima reduzida e a infelicidade que esse problema cria.

A principal razão pela qual os homens não procuram ajuda é vergonha. Eles têm vergonha de ser impotentes. Têm vergonha por sua performance sexual não ser como era antes, ou como acham que deveria ser. Para piorar as coisas, ainda existe a crença, remanescente do trabalho dos gurus da sexualidade humana Virginia Masters e William Johnson na década de 1970, de que os problemas de ereção são na maioria das vezes de natureza psicológica. Hoje sabemos que não é esse o caso.

Para muitos homens, essa pressuposição de que seu problema é psicológico cria uma confusão ainda maior: "Meu problema de ereção está na minha cabeça, e a solução é pôr a cabeça em ordem para fazer o problema desaparecer". O fracasso persistente torna-se então um sinal (em suas mentes) do fracasso da força de vontade, em acréscimo ao fracasso da ereção – outro sinal de uma masculinidade diminuída.

Os homens muitas vezes não acham fácil ir a um consultório médico, para começar. É ainda pior quando o problema é sexual e o homem se vê como menos homem. A atitude de George era típica de tantos outros homens convencidos por suas parceiras a irem à clínica. Suspiros relutantes, braços cruzados sobre o peito, pernas balançando para cima e para baixo – vejo isso o tempo todo. Curiosamente, em muitos desses homens, essa impaciência não passa de uma demonstração dirigida a suas mulheres. Vejo bem menos dela quando o homem vem se consultar sozinho.

"ELE NUNCA MAIS ME TOCOU"

"Em que posso ajudá-los?", perguntei, convidando-os a se sentar. George primeiro instalou Marie numa cadeira, depois sentou-se na outra. Olhou para Marie de modo a deixar claro que só fazia aquilo para agradá-la. Então, voltou-se para mim e ficou em silêncio por um momento.

"Simplesmente não funciona mais", George enfim disse, dando de ombros.

"Como assim?", perguntei.

"Simplesmente não sobe", ele respondeu.

George falou de um modo que deixava à vista sua convicção, provavelmente inconsciente, de que esse problema não tinha solução. Comportava-se como se fosse uma enorme perda de tempo estarmos ali sentados falando sobre esse assunto desconfortável. Nenhum de nós, claro, tinha a menor dúvida quanto a que George se referia, mesmo sem mencionar: todos sabíamos que se tratava de um pênis impassível, aquela parte de seu ser físico que, parecendo ter vontade própria, se recusava a ficar duro e se manter assim.

"Quando você percebeu que o pênis não estava funcionando direito?", perguntei-lhe, usando a metáfora dele do corpo como uma espécie de grande máquina. Referir-se especificamente ao "pênis" tinha a vantagem de deixar de lado um monte eufemismos e ser claro. Os pacientes em geral aceitam de imediato esse jeito direto de falar, usando as mesmas palavras que eu como se tivessem aprendido um novo código. Uma das grandes dificuldades para muitos casais quando falam sobre sexo é que eles realmente não dispõem de uma linguagem para compartilhar. Claro, tanto George quanto Marie conheciam a palavra *pênis*, mas parecia altamente improvável que qualquer um dos dois usasse o termo ao falar com o outro. Essa parte do constrangimento sexual de nossa sociedade torna particularmente desafiador lidar com questões sexuais quando surge um problema.

"Bom, é... talvez há um ano, mais ou menos", George disse.

"Faz muito mais tempo do que isso, George", Marie corrigiu. "Começou logo depois que Elizabeth, nossa filha mais nova, saiu de casa para fazer a faculdade. E eu sei que isso foi em setembro, há dois anos inteiros. Estamos casados há mais de 25 anos. Em todos esses anos, raramente deixamos de passar uma noite de sábado sem ter – bom, sabe – nosso momento especial juntos. Só não acontecia se um dos dois não estivesse se sentindo bem, ou se um de nossos filhos estivesse passando o fim de semana em casa, mas em geral era uma coisa com que a gente sempre contava. Mas nos dois últimos anos não passamos nem uma noite de sábado juntos. Quer dizer, ficamos os dois ali no mesmo quarto, mas, bem, não acontece nada."

George estava visivelmente incomodado com a revelação de Marie, em especial para mim, um completo desconhecido. Embora o próprio George tivesse me dito que seu pênis não mais ficava firme o suficiente para o sexo, a descrição de Marie de seu desapontamento com ele era ainda mais danosa. Era evidente que ele vivenciava aquilo como se ela o condenasse como marido.

"E não é só no quarto", Marie continuou, sem notar o desconforto de seu marido. "Nos últimos dois anos, ele mal tem me tocado. Chegou ao ponto de, quando vamos assistir a um filme e eu seguro a mão dele, ele levantar a minha mão e deixá-la cair de volta em meu colo como se fosse um pano de prato velho e sujo."

George olhava fixamente as salsichas de seus dedos dobrados juntos sobre a ampla extensão de sua barriga. Com a unha de um dedão cutucava a cutícula do dedão oposto, e amassava mais fundo seu desconforto no pão de sua barriga. Suas mãos falavam por ele, expressando um embaraço profundo por ter sido subitamente exposto como um homem menos que poderoso que não mais satisfazia sua esposa. Ele era, por todos os indícios de sua constituição física e psicológica, um homem de ações, não de palavras – um homem que estava acostumado a assumir responsabilidades e garantir que tudo ficasse bem para sua mulher.

NINGUÉM ESTÁ CONTENTE

"George sempre garantiu um bom lar para mim e para as crianças", Marie disse. "E de um modo que eu jamais tive de trabalhar, diferente da mãe dele, que tinha que trabalhar em dois, às vezes três, empregos para ajudar a sustentar a família. Ele tem sido um bom marido para mim e um pai maravilhoso para nossos três filhos. Mas, desde que Elizabeth foi embora fazer a faculdade, ele não é mais o mesmo. Até uns meses atrás, na verdade, eu realmente achei que ele estava tendo um caso porque parecia que ele não estava mais interessado em ter... bom, sabe... um relacionamento comigo."

"Você sabe que isso é besteira", George disse.

"Vamos ver se eu entendi direito. O que você está dizendo é que vocês não tiveram relações sexuais juntos nos últimos dois anos?", perguntei.

"Isso mesmo", Marie disse. "No fundo, eu fico me perguntando se simplesmente ele não tem mais atração por mim."

"Isso não é verdade", George interrompeu. "Eu já disse a você cem vezes."

"Isso é o que você diz, mas não é o que parece", disse Marie, com voz trêmula. "Você fica acordado até tarde vendo TV e acha que eu estou dormindo quando vem para a cama. Mas eu sei quando você vem, e estamos casados há tempo suficiente para eu saber que tem alguma coisa o incomodando."

Esperei um pouco, mas nenhum deles estava disposto a dizer mais. "George, há alguma coisa que você gostaria de dizer?", eu o encorajei.

"Doutor, a Marie devia pensar melhor antes dizer algumas dessas coisas. Ela sabe que eu a amo e que não estou interessado em nenhuma outra pessoa." Ele fez uma pausa. "A verdadeira razão de eu não mais tocá-la é que não quero alimentar as esperanças dela, porque sei que ela vai acabar se decepcionando." A voz dele estava embargada. "Sabe, eu não estou contente com nada disso."

"EU JÁ NÃO ME SINTO MAIS BONITA"

George claramente ficava mais à vontade com fatos do que com emoções. A própria imagem da boa saúde, ele se mostrou muito orgulhoso de sua condição física, anunciando que eu era o primeiro médico que ele consultava nos últimos quinze anos. Quando ele tinha 40 e poucos anos, a construtora na qual trabalhava solicitara que ele fizesse um exame médico para se qualificar para um trabalho intensivo num contrato com a prefeitura de Boston; a saúde dele era excelente, e ele não vira mais necessidade de ir a médico algum; afinal, estava se sentindo ótimo. Sim, tinha as dores usuais, como na vez em que distendera um músculo das costas tentando levantar sozinho uma placa de aço. Mas coisas assim, ele disse, eram comuns em seu ramo de trabalho. Sentindo-se bem como ele se sentia, por que precisaria ir ao médico?

Por outro lado, ele disse, sua energia já não era mais a mesma de antes. De início ele atribuíra seu problema com sexo ao excesso de trabalho em seu serviço de empreiteiro, e ao fato de que estava, afinal, ficando velho. Seu velho motor perdera o torque, ele me disse. Ele daria tudo por um modelo novo ou reformado!

"E o que acontece quando vocês tentam fazer sexo?", perguntei, tocando na questão que os trouxera ali. Aprendi há muito tempo a não fazer perguntas vagas do tipo "Como vai sua vida sexual?" Tais questões ou fecham as portas quando os pacientes respondem apenas que "vai bem", ou abrem as comportas para uma variedade de detalhes que pode nunca chegar ao que realmente está em jogo. Prefiro fazer perguntas razoavelmente diretas que me forneçam informação sobre o que está ocorrendo, ou não, quando meus pacientes se dedicam a atividades sexuais.

"Bom, é como eu disse, simplesmente não funciona mais."

"Você quer dizer que o pênis não fica duro?", perguntei.

"É isso", ele resmungou.

"Você às vezes tem ereções no meio da noite ou quando acorda de manhã?"

"Eu costumava acordar de manhã com uma ereção, mas faz muito, muito tempo que isso não acontece. Até tentei fazê-lo funcionar eu mesmo, sabe, só para ver se conseguia fazê-lo levantar, mas também desse jeito não funcionou."

A história de George, contada em poucas palavras, indicava algo físico, e não psicológico, como a raiz de seu problema. Na maioria dos casos, isso significa que os vasos sanguíneos do pênis não estão funcionando adequadamente, seja não suprindo sangue suficiente para as câmaras do pênis, seja deixando o sangue ir embora antes do que devia, como um pneu furado. Dos dois modos – problema de suprimento ou de vazamento – o pênis se mantém mole mesmo se o homem estiver totalmente excitado. Surpreendentemente, muitos homens com uma causa física para a disfunção erétil com freqüência têm um desejo sexual normal e usualmente ainda podem ejacular – ter um orgasmo e emitir fluido – mesmo com o pênis mole. Nem sempre acontece assim, como veremos mais adiante neste livro, mas muitos de meus pacientes e suas parceiras ficam atônitos ao saber que isso pode ocorrer.

Se a disfunção erétil é de natureza psicológica, então não há nada bloqueando o fluxo normal de sangue para o pênis, exceto uma profunda ansiedade. Sendo assim, homens com razões psicológicas para suas disfunções eréteis normalmente podem obter uma ereção se masturbando, ou ocasionalmente acordar com o pênis duro. Ao informar que não tivera ereções enquanto dormia, George estava me indicando que era pouco provável que seu problema fosse psicológico. Isto posto, ficava abundantemente claro que George tivera uma *reação* psicológica ao problema que havia afetado tanto seu relacionamento com Marie.

A ansiedade de George com sua incapacidade de ter uma ereção havia feito com que ele evitasse qualquer contato físico com Marie. Ele deixara de ser carinhoso. De fato, ele se se retraíra no relacionamento e parecia a Marie distante, possivelmente até deprimido. Na verdade, estava tentando se proteger da dor de sua masculinidade em crise, mesmo que achasse estar protegendo Marie de uma decepção. Ela, por sua vez, interpretava as ações dele como uma rejeição a ela e a suas necessidades. Tinha medo de estar fazendo algo errado em relação a George a cada momento. O que quer que ela tentasse, ele jamais parecia lhe responder com o sorriso gentil ou as provocações bem-humoradas que desde o começo faziam parte do relacionamento deles.

Enquanto George contava seu histórico médico e seu problema, dei uma olhada em Marie. Ela parecia cansada e esgotada, ansiosa por apoio e afirmação, e não estava obtendo de George nenhuma dessas coisas. Apequenada ante a presença física dele, ela parecia vulnerável e na defensiva.

"Fico achando que eu deveria fazer alguma coisa para ajudá-lo", Marie disse, depois que George terminou de contar sua história. "Tento manter a casa em ordem e controlar nossos gastos, mas isso não parece o suficiente. E o pior de tudo é que ultimamente eu já não me sinto mais bonita."

Atônito, George olhou para Marie, e então rapidamente baixou os olhos para o chão. Tive a sensação de que, pela primeira vez, George tinha visto o efeito de seu comportamento em Marie.

As diferenças no modo como as duas pessoas nesse relacionamento viam o problema não podiam estar mais evidentes. Marie contou a história com infelicidade, como se tivesse perdido algo vitalmente importante para ela. O que ela buscava era consertar seu relacionamento com George. O que ele queria era consertar seu encanamento.

O DILEMA DO MÉDICO

Essas diferenças de perspectiva entre homens e mulheres criam um dilema para mim. Neste caso, deveria eu tratar o encanamento masculino como um problema estrutural e esperar que os problemas de relacionamento se resolvessem por si mesmos? Ou eu deveria aconselhar o casal de modo a fazer com que George começasse a ver como seu comportamento afetara Marie além da simples perda do fazerem amor juntos, e de modo a fazer com que Marie compreendesse melhor os sentimentos de tristeza e inadequação de George?

Cada situação requer sua própria solução e uma abordagem equilibrada que depende das pessoas envolvidas e da percepção que mostram de seu relacionamento. Muitos homens são completamente fechados aos sentimentos e se apressam em descartar qualquer discussão que lhes soe "piegas". As mulheres, em contraste, freqüentemente têm dificuldade de entender o conceito de machismo e o que ele significa para um homem.

A ida de George e Marie à clínica representava um ato de coragem, talvez com uma dose de desespero. Devia ter sido um enorme esforço da parte de Marie desafiar George a procurar ajuda profissional para aquele problema que afetava a ambos. De fato, muitos dos homens que atendo começam suas consultas negando que tenham algum problema: "Ah, às vezes não consigo fazer ele subir quando bebi demais", ou "O sexo já não representa mais tanto para mim, desde que eu fiz cinqüenta anos", ou "Sabe como é a patroa: já passou pela menopausa e diz que não está mais muito interessada em sexo". Ouço desculpas como essas todo dia, e as compreendo pelo que são: tentativas de pôr a culpa no álcool, no processo de envelhecimento ou nas mudanças inevitáveis da vida.

Os homens são culturalmente treinados para minimizar os problemas. Começando no ensino fundamental, os meninos são alvo de gozações por parte dos outros se procuram a enfermeira da escola por qualquer coisa que não seja fraturas óbvias ou cortes sérios. Mesmo nestes casos, há uma aparente virtude em agir como se não fosse nada. Os insultos de pátio de escola do tipo "maricas" e "filhinho de mamãe" criam um aprendizado que é difícil de descartar quando os homens crescem e precisam de tratamento médico. É simplesmente incongruente imaginar Arnold Schwarzenegger, Bruce Willis ou algum outro herói de filmes de ação sentando-se com seus médicos para discutir seus sentimentos ou expressar preocupação quanto a sua performance sexual.

As mulheres têm um relacionamento diferente com o sistema médico. Muitas começam a ter consultas regulares com médicos na adolescência e confiam em médicos para uma gama de problemas em suas vidas que se estendem bem além do âmbito do que usualmente se considera medicina. As mães, por exemplo, rotineiramente pedem a pediatras conselhos para resolver problemas de socialização, tais como valentões incomodando seus filhos na escola ou como lidar com a rivalidade entre irmãos. Ginecologistas não ficam surpresos quando suas pacientes trazem preocupações sexuais, discutem depressão póspuerperal ou inquirem sobre maneiras de pôr mais tempero em relacionamentos de longa duração que se tornaram mornos. Mas, para homens, falar com seus médicos sobre tais problemas, que eles encaram como irrelevantes, está inteiramente fora de questão.

"George", eu disse, "fico contente que você tenha vindo me procurar. Sei que não é nada fácil. Agora, podemos passar à questão de como ajudá-lo."

ENFRENTANDO A MAIOR DIFICULDADE

O histórico médico de George não tinha nada de notável e seu exame clínico não deu pistas de nenhuma anormalidade que pudesse causar sua disfunção erétil. Discuti a necessidade de alguns exames para o diagnóstico, e ele assentiu como se compreendesse o que eu dizia, mas se reservando o direito de decidir se ia fazê-los ou não para depois de ter pensado melhor no assunto. No fim dessa primeira consulta, eu disse a George e Marie que achava que as chances de eu poder ajudá-los eram excelentes.

"Isso seria ótimo, doutor", George disse ao deixar a sala, mas era claro que ele não esperava grande coisa. Tratava-se de um homem que não iria se deixar enganar por qualquer conversa. Marie, em contraste, mostrava-se bem mais animada no fim da consulta. O desafio dela agora era fazer George levar adiante os exames e a próxima consulta dele comigo.

SALVO PELO VIAGRA

George fez todos os exames e voltou a me ver, de novo acompanhado por Marie. Tinha feito em casa um exame enquanto dormia, no qual fora instruído a colocar dois pequenos anéis em volta do pênis antes de deitar. Na manhã seguinte, ele os removeu. O artefato funciona como um medidor de pressão sanguínea em miniatura. Ao ser conectado ao computador no consultório, fornece um gráfico impresso da qualidade e da duração das ereções ocorridas durante o sono.

Como a preocupação excessiva de um homem com seu pênis ficar duro o bastante em geral o faz ficar mole, as ereções noturnas têm a vantagem de ocorrer durante sonhos, quando passa completamente despercebido para o homem que seu pênis está tentando ficar duro. Num certo sentido, esses exames durante o sono fornecem informação num estado puro, no qual o homem não pode ficar nervoso quanto a suas ereções porque não as percebe. Se nenhuma ereção firme ocorre num período de duas noites, o exame sugere claramente que o problema é físico.

Mostrei a George e Marie o resultado impresso do exame, que indicava quatro ereções na primeira noite e cinco na segunda. Algumas delas duravam até 45 minutos. Mas nenhuma delas era mais do que 50% firme.

"Baseado em seu histórico médico e nos resultados do exame, estou convencido de que se trata de um problema físico", eu disse a eles. "Não está só na sua cabeça."

"O que você quer dizer com *físico*?", ele perguntou. "Você acha que eu me feri no serviço ou algo assim?"

"Não, provavelmente nada tem a ver com um ferimento", respondi. "Na verdade, duvido que haja qualquer coisa que você tenha feito que possa ter contribuído para esse problema. O mais provável é que seja resultado do envelhecimento. Não que ter 58 signifique ser velho. Mas, à medida que envelhecemos, algumas coisas já não funcionam tão bem, e uma delas é o pênis. Cerca de um em cada cinco homens da sua idade não consegue mais ter uma boa ereção. É muito comum, o que é uma das razões de eu ter tantos pacientes", eu disse, com um sorriso.

Surpreendentemente, George sorriu de volta. Foi bom de ver. Ele tinha estado tão tenso, tão na defensiva até então. Agora ele parecia enormemente aliviado.

"Eu não achava que era só de minha cabeça", ele disse. Mas ficou claro que ele estivera preocupado com que *podia* ter sido.

"A boa notícia", continuei, "é que existe uma pílula que pode funcionar muito bem para ajudá-lo. Chama-se Viagra."

George e Marie trocaram um olhar cúmplice. Eles ainda davam a impressão de estar a uma grande distância um do outro, apesar de estarem sentados juntos, mas tive a sensação de que ao menos agora eles estavam no mesmo time.

Foi Marie quem falou. "Doutor, nós conversamos sobre isso. Claro, já tínhamos ouvido falar no Viagra. Mas fiquei preocupada de que poderia ser perigoso para George. Não houve um bocado de problemas de coração com homens que tomaram Viagra?"

"Quando o Viagra apareceu, houve algumas histórias alarmantes", respondi. "Mas elas se revelaram inteiramente falsas. Na realidade, o Viagra parece ser um dos remédios mais seguros de que se dispõe. Os homens que tomam medicamentos à base de nitrato para seus corações, como nitroglicerina, não podem tomar Viagra. Mas George não toma nenhum remédio para o coração, e eu acho que é perfeitamente seguro para ele experimentá-lo. Há alguns efeitos colaterais que alguns homens sentem – por exemplo, dor de cabeça, calor e vermelhidão no rosto e nas orelhas, ou estômago virado –, mas nenhum deles é perigoso. É mais um incômodo do que qualquer outra coisa. E alguns homens também vêem um halo azul em volta de luzes, mas é um efeito colateral raro e que passa rápido."

George e Marie pareceram cautelosamente aliviados. Dei a George uma receita, e instruções de como tomar o Viagra para obter o melhor efeito, e pedi a eles para retornarem dali a algumas semanas.

"Quer dizer, doutor, que essa pílula vai me tornar... bom, você sabe... voltar a ser um homem?"

"Não posso garantir, George, mas o Viagra funciona com muita freqüência. Há quem diga que ele faz a gente se sentir um novo homem."

"Acho que vou experimentar. Posso até descobrir que ainda tenho alguma coisa em meu tanque", George deu de ombros, de uma maneira que me lembrou como agira na primeira consulta. Mas agora havia nele algo diferente. Ele estava disposto, até ansioso, a agir, apesar de algumas reservas. Isso era compreensível. Depois que um homem falha repetidamente no sexo, é preciso muita coragem para tentar mais uma vez e correr de novo o risco da humilhação. A antecipação de um possível fracasso vira um considerável peso nos ombros.

"Muito obrigado, doutor", Marie disse, quando saíam. Desejei-lhes felicidade, vi-os partindo, e cruzei os dedos para que a pílula azul mágica consertasse tanto o encanamento de George quanto o relacionamento de Marie.

UM ACASO FELIZ

A história do Viagra é um desses casos notáveis de acaso feliz na medicina. Quando os pesquisadores da Pfizer começaram a trabalhar com o sildenafil, o nome genérico do Viagra, esperavam que pudesse ser útil para pacientes com doenças cardíacas. Atuando por via bioquímica, o sildenafil era um novo tipo de medicamento do qual se sabia ter efeitos significativos nos vasos sanguíneos; sendo assim, poderia ser útil para indivíduos com artérias do coração obstruídas.

Os resultados foram um tanto decepcionantes. No fim dos primeiros testes, foi pedido aos pacientes que devolvessem as pílulas não usadas, um procedimento de rotina em tais estudos. Então uma coisa estranha e maravilhosa aconteceu: os homens que receberam o Viagra e não um placebo não queriam devolver as pílulas. Muitos deles, com doenças nos vasos sanguíneos do coração, eram impotentes por ter problemas também nos vasos sanguíneos do pênis. Embora as pílulas não tivessem ajudado em suas doenças do coração, suas ereções, notavelmente, tinham melhorado muito. Nenhuma surpresa, portanto, no fato de eles não quererem devolver as pílulas! A Pfizer fez um gol de placa com o Viagra, numa área da medicina em que os pesquisadores nem sequer tinham cogitado, até que a verdade que estava por trás da relutância em devolver as pílulas foi descoberta.

UM SUCESSO DO VIAGRA

George e Marie retornaram algumas semanas depois para a consulta que tinham marcado. George parecia dez anos mais moço. Primeiro achei que ele tinha pintado o cabelo ou emagrecido um pouco, mas nada disso era verdade. Desta vez ele estava de mãos dadas com Marie, em vez de indo na frente dela ou encobrindo-a com sua sombra. Dele irradiava uma aura que transmitia uma satisfação com a vida que desconfio que ele não tinha havia anos. E desta vez não precisei extrair dele as respostas a minhas perguntas. Quando sentei com eles no consultório, ele parecia estar explodindo de entusiasmo.

"Doutor, não sei o que tem nessa pílula, mas ela é fantástica." Ele balançou a cabeça, sorridente. "A primeira que eu tomei funcionou exatamente como você disse que ia funcionar. Me senti como um garanhão de novo!", disse, rindo de si mesmo. Maria me deu também um olhar radiante e então voltou a olhar para seu novo homem, seu marido por 25 anos.

Quando nos despedimos no fim da consulta, George apertou minha mão com sua enorme mão direita e a segurou como se a apertasse num torno pelo que pareceu ser vários minutos. Ao mesmo tempo, ele mantinha Marie sob seu braço esquerdo, mantendo-a junto de seu corpo. Pareceu um abraço de grupo. George tentou pôr para fora as palavras "muito obrigado", mas sua voz sumiu no meio do caminho. Ele engoliu as últimas sílabas e seus olhos ficaram úmidos. Fiquei vendo-os irem embora através da sala de espera, o braço de George ainda em volta de Marie, que parecia ter crescido de uma maneira toda própria, agora ocupando um espaço que parecia tão grande quanto o de George.

Pessoas excelentes. Excelente resultado. Uma história com final feliz para eles, e certamente também para mim. Uma história que, na verdade, acontece todo dia com muitos casais, graças ao Viagra. E no entanto eu fico maravilhado com casais como George e Marie. É fantástico que um medicamento possa restaurar as ereções de George de modo a fazê-lo sentir-se de novo um homem de verdade, mas, se voltarmos ao que cada parceiro sentia no começo da primeira consulta comigo, é difícil acreditar que uma pílula pudesse restaurar todo um relacionamento.

Pois que não fique dúvida de que foi exatamente isso o que aconteceu. Recebi um cartão de Natal de Marie com um bilhete no qual ela escrevera que George estava sendo afetuoso e carinhoso com ela num grau que desde que seus filhos haviam nascido ela não vivenciava. Ela e George estavam planejando passar uma temporada muito adiada no Caribe na primavera. Planejavam relaxar sob o sol, visitar alguns lugares e ter duas semanas só de noites de sábado.

O PODER DO VIAGRA

Um homem se queixa de que seu encanamento não funciona mais. Uma mulher se queixa de que seu marido não a toca mais ou não demonstra nenhum afeto. Depois do tratamento, o encanamento do homem funciona apropriadamente por várias horas depois de ele ter tomado uma pílula azul, a qual ele ingere só algumas vezes por mês. A mulher então conta que o marido se tornou afetuoso e atencioso a semana toda. Ainda fico atônito com o fato de que uma pílula que age nos vasos sanguíneos possa tratar com sucesso um relacionamento em crise. Mas é verdade. Esse é o poder do Viagra. É de material assim que são feitos os mitos.

Dentro dessa história simples, no entanto, há lições poderosas sobre o que a sexualidade significa para homens e mulheres, e sobre o impacto que a sexualidade tem nos relacionamentos em geral. O Viagra tornou-se uma ferramenta que podemos usar para examinar a sexualidade de homens e mulheres. Fornece uma janela para a psique tanto de homens quanto de mulheres. As variações nas reações que os indivíduos têm ante o sucesso ou o fracasso sexual oferecem uma rica textura à tapeçaria dos relacionamentos humanos. O restante deste livro é dedicado a examinar e aprender a apreciar essa riqueza. Mas primeiro é importante extrair algumas lições da história de George e Marie.

A NECESSIDADE DE AFETO DE UMA MULHER

A primeira coisa a observar sobre George e Marie é que suas perspectivas quanto à sexualidade são imensamente diferentes. George se via como tendo um problema no encanamento, Marie se via como tendo um problema em seu relacionamento. À primeira vista, ambos desejavam a mesma coisa: uma volta a seu relacionamento sexual anterior. Mas não foi isso o que Marie descreveu. Ela sentia falta de algo que para ela afetava toda a textura de seu relacionamento com George, e não só o contato físico ou sexual. Marie ansiava por afeto. Também sentia falta de poder pensar em si mesma como uma mulher bem-sucedida sexualmente no casamento, capaz de fornecer a seu marido aquelas sensações especiais que ele só vivenciava no leito nupcial deles. A perda da ereção de George fez Marie sentir-se pouco atraente. Essa reação se misturava ao fato de que George nunca mais a tocava, mesmo fora do quarto. Além disso, ele desencorajava ativamente qualquer tentativa dela de mostrar afeto físico. Essa reação exacerbava em Marie os sentimentos de isolamento e abandono.

George estava cego para toda noção de perda de afeto e de contato físico, sem falar do sentimento de Marie de estar menos atraente. Ele ficou chocado quando Marie disse com tanta simplicidade que não mais se achava bonita. Talvez tenha sido o impacto de saber que ela também estava sofrendo, e não só no sentido de que ele a havia "privado" de sexo.

A NECESSIDADE DE ATENDER ÀS EXPECTATIVAS DE UM HOMEM

Uma das principais preocupações de George era não criar expectativas que ele não pudesse cumprir. A falta de contato físico era um esforço de sua parte de ser honrado, de se comportar, num certo sentido, de acordo com o lema "faça o que diz".

Era essa a parte que Marie não podia compreender. George e Marie estavam perdidos em seus próprios mundos de mágoa e desespero. Ocupavam-se das próprias feridas sem compreender efetivamente o que seu parceiro estava passando.

O NOTÁVEL VIAGRA

Se a história do caso de George e Marie tivesse sido apresentada a um grupo de terapeutas de casais por volta de dez anos atrás, imagino que eles diriam que seriam necessárias muitas sessões para tratar um caso como esse. Além disso, diriam que seria difícil prever se o resultado acabaria sendo positivo.

Afinal, o problema é desanimador. Cada pessoa precisaria aprender que sua própria visão da "verdade" é subjetiva e que "outras verdades" existem e são válidas, ou seja, as do parceiro. A parte seguinte do tratamento nessa época poderia ter sido falar e se comportar de acordo com o ponto de vista do parceiro. Por exemplo, George iria tentar ser afetuoso com Marie, apesar de seu problema de ereção, enquanto Marie iria tentar se colocar na posição de George para vivenciar o problema dele por meio da empatia. Finalmente, os terapeutas poderiam recomendar que George e Marie experimentassem maneiras não tradicionais de fazer sexo de modo a poderem dar e receber prazer um ao outro, e assim talvez chegarem a um ponto de entendimento e estima mútua.

O Viagra virou de cabeça para baixo essa abordagem. Marie recebeu a atenção e o afeto pelos quais ansiava porque George tomou uma pílula que agia apenas em seu pênis. Suas metas foram atingidas mesmo sem George ter tido de se esforçar para ver o mundo pelos olhos de Marie. Resolver o problema físico freqüentemente funciona porque leva o casal de volta ao ponto em que haviam começado. Isso tem sucesso *apenas se o ponto em que haviam começado era um lugar bom para ambos os parceiros*. Às vezes um problema sexual cria uma situação na qual o relacionamento inteiro precisa ser reavaliado pelos parceiros. Quando o sexo encobre um relacionamento com outros problemas, consertar o encanamento normalmente não é o suficiente para manter um casal junto, como veremos adiante neste livro.

APRENDENDO COM O VIAGRA

O Viagra provou ser um meio bem-sucedido de tratar a disfunção erétil para muitos homens, seja a causa física, seja psicológica. Se o relacionamento era sólido e satisfatório para ambos os parceiros antes de o problema começar, é excelente a probabilidade de que um tratamento bem-sucedido da disfunção resulte também num tratamento bem-sucedido do relacionamento. Esse foi o resultado do tratamento da disfunção erétil de George com o Viagra, o que em seu caso ajudou a restaurar seu relacionamento com Marie.

Nem todos os casais têm essa sorte, todavia. Com muita freqüência, as dificuldades sexuais refletem problemas mais complexos num relacionamento, e é pouco provável que eles se resolvam simplesmente porque um homem pode tomar uma pílula que melhora o fluxo de sangue para o pênis.

LIÇÕES

- Homens e mulheres vêem o mundo diferentemente e com freqüência há diferenças no modo como eles vêem seu próprio papel num relacionamento. Esses pontos de vista diferentes se manifestam em todos os aspectos de um relacionamento, incluído o sexo. Os homens buscam soluções dramáticas, baseadas em ações – por exemplo: "Eu nunca mais vou incomodá-la de novo com sexo!": As mulheres buscam soluções que envolvem compartilhar sentimentos e a validação de seu ponto de vista – por exemplo: "Se ao menos ele reconhecesse que não me sinto mais atraente porque ele não toca mais em mim". Aprender a ver o mundo com os olhos do parceiro torna muito mais fácil identificar e conversar sobre os problemas quando estes surgem.

- Uma disfunção sexual sempre tem efeitos significativos em outras áreas do relacionamento, estando ou não o casal disposto a admitir ou discutir isso. Os indivíduos podem até se adaptar com sucesso, mesmo sem discutir o problema sexual, mas seu relacionamento vai mudar profundamente enquanto continuarem a se distanciar.
- Sexo é complicado. Quando um problema surge, costuma ser difícil para os casais lidar com ele por conta própria. Muitos indivíduos se sentem desconfortáveis com qualquer conversa sobre sexo e, mesmo quando querem falar no assunto, não dispõem de uma linguagem para isso que seja clara e não ameaçadora à outra pessoa no relacionamento. Especialistas que lidam com sexualidade podem ajudar a resolver problemas que de outro modo podem ameaçar todo o relacionamento de um casal.
- Homens com problemas de ereção muitas vezes se vêem presos em seu próprio drama de fracasso na performance. Não conseguem ver ou avaliar o impacto do que fazem ou dizem (ou não fazem ou não dizem!) em suas parceiras. As mulheres, em contraste, muitas vezes não avaliam o impacto da falha na ereção em seus parceiros; em conseqüência, podem encarar a reação de forma pessoal demais, pensando: "Não sou mais sexy para ele", "Deve ser porque estou gorda" ou "Ele deve estar dormindo com outra mulher". Quando uma mulher pede repetidamente para ser tranqüilizada, seu parceiro sente

uma pressão ainda maior e fica mais isolado. Ele já está se sentindo mal, e no entanto acredita que ainda precisa cuidar dela. O resultado é, como no caso de George, que ele pode se distanciar ainda mais.

- É muito fácil para as pessoas se sentirem magoadas quando a parte sexual de seu relacionamento se torna um problema. Marie tinha certeza de que George estar evitando o sexo era resultado do que ela percebia como o "fato" de ela não mais ser atraente para ele. Quando ele parou totalmente de demonstrar qualquer atenção física por ela, sua frieza confirmou os temores dela.
- Em regra, um homem acha que tem a responsabilidade de ser um bom amante para sua parceira. Quando ele está incapaz de funcionar do jeito que acha que devia, sua auto-imagem e a percepção de sua masculinidade sofrem incomensuravelmente. Ele então passa a achar que não é mais um bom marido.
- O Viagra pode funcionar para muitos homens, não importando se a causa de sua disfunção erétil é física ou psicológica, ou seja, o remédio pode produzir uma ereção. Mas o Viagra não pode garantir que a parte sexual do relacionamento vai melhorar ou que os problemas emocionais entre e o homem e sua parceira serão resolvidos.

CAPÍTULO 2

A VANTAGEM DO VIAGRA. MAIS DURO É MELHOR?

A HISTÓRIA DE GEORGE e Marie no Capítulo 1 mostra como o Viagra pode funcionar com muito sucesso para homens cuja disfunção erétil tem uma causa física. Ele pode até ajudar a resolver problemas de relacionamento que ocorrem com casais que se amam como George e Marie, que tinham um casamento de longa duração com empenho e devoção, mas estavam passando por problemas devido à disfunção erétil.

Mas e quanto aos homens que não têm um problema de ereção verdadeiro? Exatamente como os jovens estudantes da Harvard Medical School que me perguntam o que o Viagra pode fazer por eles, muitos homens que não têm nenhum problema real com a potência normal também se perguntaram se o Viagra não poderia turbinar seus pênis, transformando-os nos superastros sexuais de suas fantasias.

Esse é outro elemento do mito do Viagra que se impregnou em nossa cultura: muitos jovens, nervosos ou inseguros com suas proezas ou performances sexuais, supõem que ter um pênis garantidamente superduro é o caminho definitivo para a felicidade. Será isso verdade? O Viagra de fato aumenta a rigidez em homens sem problemas de ereção? E um pênis extraduro é de fato um ganho para o homem que já funciona normalmente, mesmo que isso envolva um remédio para ajudá-lo a atingir tal meta? Ou essa é só mais uma barganha faustiana com um custo profundo mas oculto a ser pago mais adiante na vida?

O SIX-PACK DE VIAGRA

A capacidade de ter uma ereção realmente firme é importante para os homens, especialmente para aqueles que ainda não estão comprometidos num relacionamento e querem impressionar a parceira com suas façanhas sexuais. As mulheres às vezes riem com o que vêem como simplismo dos homens. "Por que os caras acham que sexo só tem a ver com o pênis?", perguntam. Para os homens, a performance sexual corresponde à sua auto-estima e, com a concentração típica dos homens no pênis, maior dureza e rigidez se traduzem em melhor performance.

O mito do Viagra se encaixa com facilidade nesse ponto de vista, porque o que se diz por aí é que o Viagra de fato torna uma ereção normal ainda mais firme. Como médico, reluto em receitar Viagra para alguém que na realidade não precisa dele para uma disfunção erétil, mas tive muitos pacientes e mesmo amigos com ereções normais que compartilharam comigo suas histórias com o Viagra.

A NECESSIDADE DE AUTENTICIDADE

Meu ex-colega de escola Fred, por exemplo, me confidenciou que havia experimentado o Viagra para comemorar seu aniversário de 40 anos e mal pôde acreditar na diferença que fez quando ele e sua namorada fizeram sexo naquela noite. No entanto, apesar de ter tido uma noite maravilhosa fazendo amor, Fred anunciou: "Não vou mais tomar".

"Por que não?" perguntei.

"Porque é muito duro manter-se à altura dele!", ele disse, e ambos rimos de seu trocadilho não intencional. Então Fred ficou sério. "Não quero me ver numa situação", disse, "em que minha namorada passe a esperar que meu pênis fique completamente firme a qualquer momento. Ia ser muita pressão para mim. Estou bem do jeito que estou, e não quero sentir que preciso tomar uma pílula para poder fazer amor."

Achei que essa era uma resposta eminentemente sensata. Criar um novo nível artificial de performance erétil não é a melhor maneira de manter um relacionamento autêntico. Fred queria ser aceito pelo que era, sem nenhum reforço de remédio. Mas, como veremos, esse tipo de atitude madura de forma alguma é universal entre homens perfeitamente saudáveis que estão atrás de façanhas sexuais.

A NECESSIDADE DE UM SEGURO

Nem todos têm a mesma reação que Fred. Um de meus pacientes, Saul, tinha 48 anos quando veio me ver por causa de um problema inteiramente diferente: reversão de vasectomia. Como muitos outros casais que me procuram para esse procedimento, Saul era vinte anos mais velho do que sua nova mulher, Bianca. A súbita necessidade de uma reversão da vasectomia é típica em homens mais velhos em seu segundo ou mesmo terceiro casamento, que tiveram seus tubos amarrados depois de terem tido filhos antes. Suas novas esposas em geral mais jovens não têm filhos e querem começar uma família.

Era o caso de Bianca, que insistia em que Saul fizesse a reversão da vasectomia. Depois de nossa conversa sobre o procedimento, levantei-me para me despedir, mas ele me interrompeu.

"Mais uma coisa, doutor. Gostaria de saber se o senhor não poderia me receitar um *six-pack*."

Fred não estava querendo tomar cerveja. O *six-pack* ao qual ele se referia era o termo usado nos anúncios do Viagra para a embalagem de seis pílulas que os médicos eram estimulados a dar a seus pacientes que se interessassem. O "six-pack" era um golpe de gênio dessa campanha publicitária, evocando ao mesmo tempo duas grande imagens da masculinidade americana. O primeiro, claro, é a embalagem com seis cervejas. O segundo aludia ao conjunto altamente desejado de músculos abdominais que só se destacam como seis elementos distintos em homens que estão excepcionalmente em forma.

"Por que você quer o Viagra?", perguntei, "Você está tendo problemas de ereção?" Considerei a hipótese de Saul ter se deixado levar pela falsa crença comum de que a vasectomia resulta em menor capacidade sexual.

"Na verdade não", ele respondeu sem nenhuma hesitação. "Mas eu já experimentei o Viagra antes, e funciona muito bem. Bianca é muito mais nova do que eu, e me sinto melhor fazendo sexo com ela quando estou com uma ereção realmente dura." Ele sorriu para mim. "Não quero que ela pense que acabou presa num casamento com um velho molenga."

Poucos homens, especialmente depois dos 30 anos, jamais chegam a ter aqueles músculos abdominais que aparecem nas capas de *Flex* ou *Men's Health*. Mas o *six-pack* de Viagra deu a muitos deles a chance de exibir um pouco de seus músculos e se orgulhar disso.

Os homens ficam realmente satisfeitos com uma ereção intensificada pelo Viagra? O que ocorre quando um homem começa um relacionamento usando secretamente o Viagra e então se apaixona? Em que momento, se é que isso ocorre, ele compartilha seu segredo? E o que acontece quando uma mulher descobre que seu maravilhoso amante sentiu necessidade de manter em segredo seu uso de Viagra durante os momentos mais íntimos deles juntos? Como os homens cada vez mais tomam o Viagra para intensificar suas ereções naturais, muitas vezes sem contar a suas parceiras por medo de parecerem inadequados, examinar essas questões se tornou mais importante.

OS PERIGOS DA DUPLICIDADE

Um dia, no outono passado, recebi um telefonema de um colega me pedindo para atender um de seus pacientes VIP que estava em crise. James era um rapaz de Boston que se dera bem na vida e agora, aos 38 anos, estava produzindo discos de sucesso em Los Angeles. Estava de volta ao Leste visitando a família e ia ficar pouco tempo na cidade. Marcamos uma consulta para o dia seguinte.

James entrou lépido em meu consultório. Tudo nele anunciava "L.A.!" – de suas calças de couro a seu paletó da moda com franjas de couro. Seu cabelo comprido estava preso atrás num liso rabo-de-cavalo. Embora James agisse de uma maneira despreocupada e cool, pude ver no mesmo instante que ele estava nervoso.

James me contou sua história. Vivia nas rodas chiques, onde era muito valorizado. Saíra com muitas mulheres nos últimos anos, desde que um disco seu fizera sucesso, e citou os nomes de duas belezas de primeira ordem que apareciam freqüentemente nas revistas de celebridades do entretenimento. James tinha grande orgulho de suas habilidades como amante e, assim que soube que o Viagra estava disponível, agarrara-se a ele como algo que ajudaria seu desempenho sexual. "Ele me dava total confiança", disse. "Quando eu tomava Viagra, tinha a impressão de ter uma vara de aço entre as pernas", disse.

VIAGRA TODA VEZ

James deu mais detalhes de sua história com o Viagra. "Quando o remédio saiu, achei fantástico. Eu estava em L.A., saindo com umas mulheres lindas, mas realmente achava que precisava de algo extra que me desse uma vantagem na cama. O Viagra resolveu a questão. E quem precisava saber que eu o tinha tomado? Então comecei a tomar Viagra toda vez que saía com uma mulher."

"Você achava que suas ereções não eram suficientemente firmes?"

"Não, elas eram ótimas. Mas eu me sentia muito mais seguro com o Viagra. Ele me dava uma grande ereção todas as vezes. Não quero parecer besta nem nada, mas as mulheres diziam que amavam fazer sexo comigo. Eu podia ir a noite inteira com o Viagra. Ele deixava meu pênis o mais duro que podia ficar, igual a quando eu era adolescente, de modo que eu estava sempre pronto para qualquer situação."

"A que tipo de situação você se refere?", perguntei em voz alta.

"Podia ser qualquer coisa. Podíamos estar num restaurante, e a mulher com quem eu saíra de repente me empurrava para o banheiro e trancava a porta. Ou podia ser na garagem do apartamento dela. A qualquer hora, onde fosse, eu estava pronto. Nunca teria feito nada disso sem o Viagra. Provavelmente nunca teria conseguido uma ereção por estar muito nervoso, preocupado com que alguém fosse aparecer."

"Então você nunca mais fez sexo sem Viagra?", continuei.

"E já faz um bom tempo", ele confirmou. "E não sou só eu. Todo mundo que eu conheço em L.A. toma Viagra, precisando ou não dele.

Sabe, não sei dizer exatamente se meu pênis fica na realidade mais duro, mas com certeza é a sensação que experimento. Eu me sinto melhor."

"Como você sabe então que não há problema com suas ereções?", perguntei.

"Bom, eu ainda acordo com boas ereções. E consigo uma vara e tanto toda vez que me masturbo", ele disse, com orgulho, usando a expressão da gíria para o pênis duro.

"COMO EU PODERIA NÃO USÁ-LO?"

"Então, qual é o problema?"

"Aconteceu uma coisa que eu não tinha planejado. Eu me apaixonei. O nome dela é Sara. Conheci-a numa festa, e fiquei completamente caído por ela. Não é só porque ela é bonita. Ela é tão legal e tem tanta classe – é culta, sofisticada, graciosa. Tem o porte de uma princesa, mas não de um jeito esnobe. No começo, fiquei emocionado por ela ter algum interesse em mim. Depois do terceiro encontro, fomos para a cama na casa dela, e o sexo foi ótimo. Claro, eu tinha tomado Viagra antes naquela noite, e tudo correu bem."

James riu para si mesmo, quase com desdém, ao relembrar.

"Sara e eu começamos a nos ver seriamente. Nosso relacionamento ficou muito intenso muito depressa. Ela me pegou. Fundo. Sou louco por essa mulher. E o sexo tem sido fabuloso. Claro, eu usei o Viagra todas as vezes. Como eu poderia *não* usá-lo? Sara me disse que eu sou o grande amante que ela sempre quis ter, e ela está disposta a fazer sexo a toda hora. Ela me disse até que adora como meu pau reage a ela, como se ela puxasse um corda imaginária e lá vem ele. Diz que faz ela se sentir bem ver o quanto eu a desejo."

"Você alguma vez pensou em dizer a ela que estava usando Viagra?", perguntei.

"Sim, claro. Pensava nisso o tempo todo. Isso me preocupava muito. Quer dizer, eu contei a ela muitas coisas de mim e da minha vida que nunca contara a ninguém antes. Mas simplesmente não conseguia contar a ela sobre o Viagra. Imaginei que ela ia ficar brava comigo por ter escondido isso dela. Tive medo de que ela ficasse decepcionada ao saber que eu não era na realidade o amante que fingi ser."

"TALVEZ EU NÃO PRECISE MAIS DO VIAGRA"

"Você disse que suas ereções eram boas. Já pensou em parar com o Viagra?", perguntei.

"Sim, pensei, doutor", ele disse. "Uma vez decidi não tomá-lo, só para ver o que ia acontecer. Assim que Sara e eu ficamos próximos, eu deixei de *gostar* de tomá-lo. Eu queria que ela gostasse de *mim*. Entende o que quero dizer?" James passou as mãos em seus cabelos puxados para trás e se endireitou na cadeira.

"Fizemos sexo nessa noite, e foi tudo ótimo. Em nada diferente de quando eu tomo Viagra. *Talvez* estivesse um pouco menos duro, mas não o tanto que alguém além de mim notasse. Depois, fiquei pensando: 'Ei, não foi tão mal assim; talvez eu não precise mais do Viagra'. Dormi satisfeito comigo mesmo. A idéia de que Sara poderia gostar de mim só pelo que eu sou era incrível. E eu não queria mais ficar escondendo coisas da Sara, especialmente o Viagra.

"Meia hora depois eu acordei, e lá estava ela, acariciando meu pênis de novo. Mas dessa vez ele permaneceu completamente flácido. *De jeito nenhum* ia ficar duro. Ela parecia surpresa. Se eu tivesse tomado Viagra como sempre, estaria pronto para ela. Depois de um tempo, ela parou de tentar, deu uma risadinha e disse 'Parece que tem alguém que não quer mais ser meu garanhão'. Então ela virou para o outro lado e pegou no sono.

"Ela não falou aquilo de um jeito maldoso, mas eu podia ver que ela estava decepcionada. No mesmo instante decidi que ia voltar ao Viagra. Eu *queria* ser o garanhão dela. Ela me disse que se gabava com as amigas de quantas vezes por noite fazíamos sexo. Eu gostava da idéia de que ela se orgulhava de mim desse jeito."

VIAGRA DESCOBERTO

"Então, quando foi que as coisas deram errado?", perguntei.

"Fui descuidado", James disse. "Sara estava meio que morando comigo. Ela ainda tinha o apartamento dela, mas ficava no meu o tempo todo. Começou a fazer coisinhas de casa para mim. Um dia eu pedi para ela levar um de meus paletós prediletos para a lavanderia e, quando ela olhou se os bolsos estavam vazios, achou um par dessas pilulazinhas azuis de Viagra. É surpreendente que ela não tenha achado antes. Tenho pílulas de Viagra guardadas em tudo quanto é canto, para o caso de precisar. Ela perguntou o que era aquilo.

"Fiquei constrangido e disse 'Não sei exatamente de que pílulas você está falando, mas provavelmente são as contra alergia que o médico me deu na primavera passada.' Ela engoliu essa explicação por cerca de doze horas, até que ela contou para uma de suas amigas, que riu dela por ser tão crédula. A amiga disse que as pílulas azuis em forma de diamante são para alergia só se a pessoa for alérgica a sexo!

"Naquela noite a Sara me perguntou a queima-roupa se eu estava tomando Viagra, e eu disse a verdade. Ela ficou sem falar comigo por três dias. Eu fiquei sem saber o que fazer. Foi por isso que vim para casa aqui em Boston por um tempo. Precisava arejar a cabeça."

"Exatamente o que Sara disse quando descobriu que você andava tomando Viagra?", perguntei.

"Por que você não pergunta a ela mesma?", James disse, se animando.

"Como assim?"

"Ela está aqui, na sua sala de espera. Ela tomou um avião para cá há uns dois dias. Só que está na casa de amigos. Eu estava querendo que ela viesse em algum momento para Boston, para conhecer meus pais e meus amigos, mas não desse jeito. Acabamos voltando a nos falar, mas ela continua realmente brava comigo. Você conversaria com ela?", ele perguntou. "Minha esperança era que você poderia explicar as coisas para ela do ponto de vista de um homem."

Era um desenvolvimento interessante e inesperado. Com certeza era um bom sinal para James que Sara tivesse se dado ao trabalho de voar toda a distância até Boston para passar algum tempo com ele, mas pude sentir a tensão crescendo nele enquanto minha secretária acompanhava Sara da sala de espera para meu consultório.

"ACHAVA QUE ERA EU QUE O DEIXAVA TÃO EXCITADO"

Vestida de forma simples com um jeans e uma blusa abotoada cor de alfazema, Sara era uma jovem muito atraente. Como James, seus cabelos pretos compridos estavam puxados para trás num rabo-de-cavalo.

"Não sei se entendi por que você pediu que eu viesse me juntar a vocês", ela disse.

"Bem, James me perguntou se seria tudo bem se você participasse de nossa conversa, e eu achei que poderia ser útil para todos. James estava me contando o quanto ele gosta de você, mas que os dois estavam em conflito desde que você descobriu que ele andava usando Viagra", expliquei.

"Ah. Isso tudo é muito pessoal", ela disse, fechando os olhos por um instante. "Tudo bem", ela disse, afinal, "o que você gostaria de saber?"

"Por que você não começa me contando como se sentiu quando soube que James estava tomando Viagra?", sugeri.

Sara deu um meio sorriso. "Fiquei chocada, para falar a verdade. Nunca tinha suspeitado, e me senti feito boba por ter confiado tão completamente em James. Ele tinha sido sempre muito doce comigo e sempre parecia interessado em tudo o que eu dizia. Eu nunca tinha saído com um cara que realmente se preocupasse tanto com o que eu pensava ou com como eu me sentia." Ela olhou de relance para James, que a olhou de volta como se fosse um filhote vira-lata abandonado querendo um lar.

"James estava tão *ligado* em mim, especialmente em sexo. Estava sempre pronto. Não quero parecer que estou fingindo ser uma virgem, mas antes nunca tinha feito tanto sexo na minha vida. Era uma maravilha me sentir desejada desse jeito."

"Quando descobri que James estava tomando Viagra e havia mentido sobre isso, fiquei sem saber o que pensar. Eu tinha ficado completamente nua para ele. Não estou falando só de ficar sem roupa. Tinha deixado ele conhecer os lugares mais delicados de meu coração, e ele tinha sido tão gentil comigo. Foi isso que fez com que eu me apaixonasse por ele."

"Então eu descobri que ele estava mentindo para mim o tempo todo." Sara lançou para James um olhar agressivo. Eu quase podia ver o vapor saindo da cabeça de Sara enquanto ela soltava sua raiva. "Eu nem mesmo sabia mais se ele me achava atraente! Todo aquele tempo eu achava que era *eu* que o deixava tão excitado. Mas aí descobri que era o Viagra! Fiquei arrasada! E, se ele tinha mentido sobre o Viagra, talvez tivesse me mentido sobre todo o resto. Como eu ia saber? Que outros segredos ele tinha? Talvez ele só estivesse fingindo ser gentil comigo, enquanto na realidade estava rindo por dentro."

"QUEM É ESSE HOMEM SENTADO A MEU LADO?"

Parte da dificuldade era que tanto James quanto Sara viam o problema através de lentes diferentes e não conseguiam enxergar o ponto de vista um do outro. James via seu uso do Viagra como uma questão de performance, enquanto Sara via isso como uma questão de confiança. A confiança é um elemento essencial de todo bom relacionamento e, uma vez perdida, pode ser difícil recuperá-la.

"Então você se sentiu traída quando soube que ele tomava Viagra sem dizer a você?", perguntei a Sara.

"Sem a menor dúvida! Quem é James? Eu não faço mais a menor idéia de quem é esse homem sentado a meu lado. Ele me contou histórias comoventes sobre aprender a respeito da vida enquanto pescava com seu avô, ou sobre como era intimidado por valentões quando era pequeno. Ele até mesmo escreveu uma música para mim. Ele lhe contou isso? É linda." Ela fez uma pausa para se recompor. "Eu achei que James tinha se aberto de verdade para mim. Só que ele nem sequer se deu ao trabalho de me dizer que precisava engolir uma pílula para fazer sexo comigo."

Ela se virou na cadeira para encarar James. "Afinal, o que isso significa?", ela o desafiou. "Como você acha que eu me senti ao descobrir de repente que você precisava tomar uma pílula para poder ficar excitado comigo?" Sara cobriu o rosto com as mãos, tomada de emoção.

"Sara", James disse com voz suave, estendendo a mão para tocar o antebraço dela, o qual ela afastou. "Eu *fico* sempre excitado com você. Já disse isso um monte de vezes. O Viagra não era por causa disso.

Meu desejo por você sempre foi genuíno. Eu tomava o Viagra porque queria ter certeza de que sempre poderia lhe dar prazer. Mas, quando nosso relacionamento começou a ficar sério, fiquei com medo de parar de tomar as pílulas ou lhe contar sobre elas porque achava que você gostava de como meu pênis sempre estava duro."

Sara olhou de novo para James. "Você tem idéia de como você parece ridículo?", perguntou, elevando a voz. "Você acha que um pênis duro faz de você um grande amante? Você não entende nada, não é?"

James desviou o olhar, envergonhado com as palavras dela.

Sara ficou mais calma ao continuar. "James, você *é* um amante maravilhoso. Você me faz sentir próxima de você. Você dá atenção a mim de todos os jeitos certos. Você é terno, doce e divertido comigo. Você não precisa de pílula nenhuma para ser o meu amor."

"NUNCA ACREDITEI QUE VOCÊ PUDESSE DE FATO AMAR QUEM EU REALMENTE SOU"

Fiz com que a conversa voltasse às preocupações de James. "James me disse que tinha medo de você ficar decepcionada com ele se ele parasse de usar o Viagra porque seu pênis não ia ficar mais tão duro e ele não poderia mais fazer sexo com a mesma freqüência."

Sara levou as mãos à cabeça. "Não dá para *acreditar* que eu estou tendo essa conversa! *Claro* que eu gostava quando James ficava de pênis duro. E *claro* que adorava quando ele estava pronto para começar de novo quase imediatamente depois de termos acabado. Eu me perguntei sobre isso no começo, daí achei que simplesmente tinha juntado os trapos com o Super-Homem. Era ótimo pensar que eu finalmente encontrara alguém que era tão afinado com tudo em mim que estava sempre excitado comigo.

"Mas, para falar a verdade, mesmo que todo o amor que fizemos tenha sido fabuloso no começo, depois de um tempo eu só ia para o segundo ou o terceiro round porque achava que James precisava disso. Houve uma noite em que só tivemos uma relação, e James estava mal-humorado na manhã seguinte. Supus que era porque tinha sido só uma vez. Mas eu estava meio que aliviada. Estava precisando dormir!"

Ao referir-se à noite em que James não tomara o Viagra, Sara confirmou como é comum acontecer de homens e mulheres compartilharem a mesma experiência, mas acabarem com uma suposição inteiramente incorreta da reação do outro. James ficou tão preocupado por ter decepcionado Sara que prometeu a si mesmo voltar a usar o Viagra. De sua parte, Sara interpretou a reação de James como uma necessidade dele de fazer sexo repetidamente toda vez em que estavam em intimidade física.

"Sara, o que você gostaria de ver acontecer agora em sua relação com James?"

"Realmente não sei", ela disse. Ela deu um olhar de relance a ele. "Só queria que ele tivesse me falado do Viagra logo no começo. Posso lidar com qualquer coisa quando eu sinto que a pessoa está sendo honesta comigo. Mas como posso voltar a confiar nele agora?"

"Eu não tomei o Viagra para enganá-la, Sara!", James exclamou. "Aquela noite em que fizemos sexo só uma vez? Pois foi precisamente a noite em que eu não tomei Viagra. Eu fiquei todo contente, porque o sexo foi ótimo sem ele, mas quando você não conseguiu que eu tivesse outra ereção, você falou qualquer coisa sobre eu não ser mais o seu garanhão. Eu não queria decepcioná-la de novo, então voltei a tomar o Viagra. Você não faz idéia de como eu adoraria não mais usá-lo."

James estava começando a ficar esquentado também. "Não tem nada a ver com esconder coisas de você. Tomei o Viagra porque achei que você gostava de como eu era com você na cama. Fiz isso por você, não por mim."

COMEÇAR COM O PÉ DIREITO

"Olhem só", eu intervim. "Já vi muitos casais aqui em meu consultório, mas a maioria deles não chega nem perto de ter tanto sentimento um pelo outro como vocês dois. Ouvir vocês me deixou muito emocionado. E espero que vocês consigam achar um jeito de se entender."

"Mas deixem-me dizer mais uma coisa. Muitos de nós temos essa fantasia de que, se encontrarmos a pessoa certa, tudo vai acontecer de acordo com um roteiro impossivelmente romântico: o sexo vai ser perfeito; poderemos ser como somos; abriremos nossa alma e seremos aceitos incondicionalmente. Só que em geral não é assim que funciona. Começamos com cautela, comportando-nos da maneira que achamos que nos fará mais desejáveis ou gostáveis."

"James queria que você gostasse dele, Sara, então ele tomou o Viagra com a esperança de que você realmente tivesse prazer no sexo com ele. Então ele se viu enrascado. Compreendo perfeitamente por que você se sentiu traída, e concordo que ele devia ter lhe dito que estava tomando a pílula. Mas posso compreender também que, uma vez que você disse o quanto ele era bom fazendo amor, ele tenha ficado com medo de decepcioná-la sem o Viagra. Basicamente James queria agradar você e não conseguiu descobrir como ser honesto nisso."

"Mas dá a sensação de que ele estava fingindo o tempo todo em que estávamos na cama!", Sara reclamou.

"Bom, a minha experiência me fez perceber que a maioria de nós finge até certo ponto no começo de um relacionamento. Para alguns, isso pode ser pôr ordem na bagunça usual de nossas casas para parecer arrumado. Ou usar roupas legais em vez de moletons nos momentos mais casuais que passamos com a outra pessoa. Todos nós fazemos isso de um milhão de maneiras diferentes, e isso não quer dizer que somos desonestos. Estamos apenas tentando causar uma boa impressão."

Sara assentiu. "Sei aonde você quer chegar. Eu não deixei James saber que eu fumava até termos ficado juntos um tempo." Ela fez uma pausa para pensar mais sobre o caso. "Mas tomar Viagra para mim parece algo bem diferente de apenas estar tentando começar com o pé direito."

James disse de imediato: "Mas era só o que eu estava tentando... só que não era bem o pé!" Sara riu, sorrindo para James pela primeira vez desde que entrara na sala.

"Bem, a questão agora é saber se vocês podem seguir em frente. Sara, você consegue entender por que James se viu forçado a continuar com o Viagra?"

Ela assentiu.

"Você acha que pode tentar de novo?", perguntei.

"Sim", ela disse, depois de uma pausa. Seus olhos se detiveram em James, que parecia estar prestes a chorar de alívio.

"James, você entendeu por que Sara ficou tão brava com você?"

Ele assentiu. "Ela quer que eu seja honesto com ela. Conhecemo-nos muito melhor agora, e eu vou tentar."

"Não é fácil, James, mas acho que você vai descobrir que o esforço vale a pena. Quanto mais você se abrir e deixar de tentar fazer algo *só para* impressionar Sara, como ser um supergaranhão no sexo, mais vocês dois vão conseguir desfrutar a companhia um do outro."

James e Sara, ambos com sorrisos embaraçados, se levantaram. James estendeu a mão para Sara, e ela o deixou pegar a dela enquanto saíam do consultório. Quando ela encostou a cabeça no ombro dele, sua franja de couro balançando a cada passo, entreouvi James dizendo: "Acho que agora acabaram todas as minhas alergias".

APRENDENDO COM O VIAGRA

Um pênis mais duro é melhor? Pode ser, dependendo da situação. Mas, como no proverbial pacto com o diabo, pode-se ter de pagar pela performance melhor entregando a própria alma.

James achou que tomar um remédio que intensificava sua ereção faria com que Sara o amasse mais. Tomar secretamente o Viagra era uma barganha aceitável para James porque ele não acreditava que podia ser amado como era. Estava portanto disposto a fingir ser alguém diferente para que Sara se apaixonasse por ele.

Acabou saindo caro não só para James como também para Sara. Em última instância, ao acreditar que Sara só poderia se apaixonar por ele se tivesse um pênis duro "com uma vantagem", James criou uma visão limitada de quem Sara era. Ele não conseguiu confiar na capacidade de Sara de aceitá-lo e amá-lo.

Para o homem inclinado a apenas cortejar as mulheres sem jamais pensar em ter um relacionamento emocional, talvez haja pouca desvantagem óbvia em tomar o Viagra. Ele não estará pondo em causa sua possibilidade de ser amado em nenhum caso. Com relações de uma noite só e contatos superficiais e casuais, o sexo realmente não é muito mais que uma performance, e o homem poderá sentir-se confortável com a noção de que tomou um intensificador de performance. Se a única meta é sexo bom, talvez sexo até acrobático ou em busca de sensações fortes, tomar uma pílula que torna isso possível não cria problemas emocionais nem de relacionamento. Nestas situações, nada está em jogo senão o próprio ato sexual.

No caso de James, no entanto, é altamente significativo que ele tenha considerado parar com o Viagra assim que começou a se sentir emocionalmente envolvido com Sara. Ele de fato queria que ela amasse quem ele genuinamente era, mas sua insegurança o impediu. Excessivamente fixado em seu pênis como o centro do relacionamento, James ficou ansioso na noite em que não conseguiu obter uma segunda ereção. Imaginou que seu relacionamento com Sara corria risco e voltou ao que via como sua poção mágica.

Sem dúvida, o pênis firme de James aumentou de fato o prazer que Sara tinha com ele. Como ela disse, é maravilhoso se sentir tão atraente e desejável. As mulheres gostam de sexo tanto quanto os homens, e um pênis duro pode contribuir para que ele seja bom. Mas Sara se apaixonou por James porque ele havia lhe dado algo precioso que ela não vivenciara em seus relacionamentos anteriores: respeito, consideração e ternura. Ela já achava que ele era um amor. Sara já amava James pelo que ele era; ele apenas não viu isso.

Para alguns homens, os relacionamentos não têm a ver com emoções, empatia, aceitação ou a possibilidade de amar. Saul só se preocupava em ser um amante vigoroso para sua jovem esposa, Bianca, a quem ele via como um troféu, um prêmio. Estava disposto a fazer qualquer coisa para mantê-la em sua vida. Para Saul, a questão era sua performance, e não ser autêntico. Fred, em contraste, se preocupava mais em poder ser apenas ele mesmo do que em criar expectativas exageradas quanto ao que podia fazer sexualmente com a ajuda de uma pílula.

No amor como na vida, são as nossas imperfeições que fazem cada um de nós indivíduos singulares. Há um dito francês que expressa isso perfeitamente: "A melhor sensação do mundo é ser amado não apesar de nossos defeitos, mas por causa deles".

LIÇÕES

- O Viagra pode realmente tornar uma ereção normal mais firme para alguns homens. Pode também tornar mais fácil obter uma segunda ou mesmo uma terceira ereção.
- Ter uma ereção mais firme ou imediata pode ser desejável para homens que só se preocupam com sua performance sexual. Pode fazê-los se sentirem mais confiantes ou mais sexy.
- O uso do Viagra em segredo pode pôr em risco um relacionamento ao ser descoberto, ao erodir a confiança necessária em todo bom relacionamento.
- Uma mulher que descobre que seu parceiro está usando o Viagra bem pode se perguntar se ele o toma porque não a acha atraente o bastante. No entanto, é mais provável que ele esteja tomando o Viagra por estar preocupado com sua própria performance sexual.
- Um homem que toma secretamente o Viagra para sentir que é um amante melhor, e portanto mais desejável, corre o risco de se sentir falso e inadequado se se envolver emocionalmente com sua parceira. Pode começar a se perguntar se é possível ser amado e apreciado como quem ele autenticamente é.
- As mulheres gostam de um bom sexo tanto quanto os homens, e uma ereção firme pode contribuir para isso. Mas um pênis firme por si só não faz um grande amante.
- Quando um homem usa secretamente o Viagra porque não confia que sua parceira vá gostar dele como de fato é, está pressupondo que ela tem uma atitude superficial em relação ao amor e ao sexo, baseada apenas em façanhas eréteis. Essa visão estreita limita o potencial para um relacionamento verdadeiramente amoroso.

CAPÍTULO 3

A ANSIEDADE COM A PERFORMANCE E O VIAGRA

NO CAPÍTULO 2, exploramos as maneiras como os homens batalham por uma ereção sempre mais dura, mesmo que isso signifique tomar um medicamento como o Viagra para ajudá-los. Essa ênfase na performance sexual é uma questão importante para os homens. Mas é também uma faca de dois gumes, pois o lado negro de uma performance bem-sucedida é a possibilidade de fracasso. Quando a ereção falha por causa do nervosismo, a isso se chama *ansiedade com a performance* ou, às vezes, *impotência psicogenética*.

Infelizmente, muitos homens vivenciaram pelo menos um episódio de ansiedade com a performance em algum momento de suas vidas. Isso significa também, claro, que uma grande quantidade de mulheres esteve também presente no evento, embora sua percepção da experiência seja em geral bem diferente.

O MEDO DO FRACASSO

O fracasso em obter uma ereção adequada por causa da ansiedade com a performance pode ser uma experiência penosa, como qualquer homem honesto pode testemunhar. "Eu me senti um completo perdedor. Como vou olhar para ela de novo. Foi simplesmente arrasador", homens já me disseram.

O mito do Viagra é que uma pilulazinha azul pode resolver todos os problemas de ereção, fazendo a decepção e a frustração da ansiedade com a performance virar coisa do passado. Ah, se fosse verdade. As histórias que seguem esclarecem esse aspecto do mito do Viagra e sua relação com a ansiedade com a performance.

A TALA DE PALITO DE PICOLÉ

Tomando uns drinques um dia, um grupo de amigos começou a conversar sobre sexo. Trudy, uma mulher entre 35 e 40 anos, disse: "Estão vendo aquele garçom? Uma vez, quando eu era solteira, levei para casa um cara bem parecido com ele. Era um italiano lindo, que falava com um sotaque adorável. Quando ele tirou a roupa, achei que tinha morrido e ido parar no céu. Estava tudo ótimo até ele ter de pôr a camisinha. Então foi 'pffft', como quando alguém fura com alfinete um balão, e a noite foi um fracasso, não importando o que eu fizesse. Que desperdício de homem!"

Foi a vez de Judy. "Já tive a mesma experiência algumas vezes. O que acontece com os caras? Ficam todos excitados como se a única coisa que importasse no mundo fosse ir para a cama com você, e quando você finalmente fica sozinha com eles, os caras não conseguem acabar o que começaram. A primeira vez que aconteceu, não entendi nada. Eu tinha feito ou dito alguma coisa errada? Ele tinha descoberto algum defeito físico repulsivo em mim que o fez brochar totalmente?"

Deanna apressou-se a concordar. "Sei exatamente do que você está falando!" As mulheres estavam todas se divertindo agora, compartilhando histórias sobre a falsa pose masculina e as fragilidades subjacentes, enquanto os homens na mesa ouviam silenciosamente, fingindo valorosamente que nenhuma daquelas histórias os afetava pessoalmente.

"Agora eu sei que tem muito pouco a ver comigo e tudo a ver com os homens e seus problemas com a performance", ela continuou. "E eu sei que o que se *espera* de mim é que eu seja compreensiva. O problema é que às vezes não tenho a menor *vontade* de ser compreensiva. O que eu tenho *vontade* de dizer a eles é: 'A noite inteira você ficou querendo isso, e *agora* estou pronta. Se seu equipamento não está reagindo adequadamente, por que você simplesmente não pega uns palitos de picolé e os prende com fita adesiva em seu pênis como uma tala, de modo a ter algo duro o suficiente para pôr dentro de mim. Para conseguir que eu ficasse pelada você não ficou nem um pouco tímido!'"

As mulheres estavam agora gargalhando à solta, e havia gente olhando para a mesa para ver por que toda aquela comoção. Deanna voltou-se para os homens na mesa, desafiando-os como grupo. "Digam-nos, então, ó grandes guerreiros do quarto de dormir, o que uma mulher deve fazer quando o homem dela não consegue ficar de pênis duro?"

Os quatro homens na mesa olharam acanhadamente em volta uns para os outros, nenhum particularmente interessado em voluntariamente tornar-se o centro das atenções naquele assunto. Enfim, Paul falou: "Sei que falo por todos os homens aqui ao dizer que nada desse tipo jamais aconteceria com nenhum de nós!"

"É isso aí!", gritaram os outros homens rindo, trocando brindes de canecos de cerveja.

"Não, falando sério", Trudy disse. "O que uma mulher deve fazer numa situação assim para ajudar o cara a se safar? Nós nunca sabemos o que fazer. Ficamos com medo de sermos passivas demais, e ao mesmo tempo não queremos pressioná-los ainda mais sendo muito agressivas. Se apenas nos viramos para o outro lado e dormimos, ficamos achando que vocês vão se sentir rejeitados, piorando ainda mais as coisas."

"Nem preciso dizer que eu mesmo não tenho experiência pessoal no assunto", Ken mencionou, "mas tenho um 'amigo' que me contou que algo assim aconteceu com ele um bom tempo atrás. Claro, foi a única vez que aconteceu em toda a vida dele."

"Sei. Um amigo *muito* próximo, não é, Ken?", Judy provocou.

"Aconteceu quando ele era adolescente", Ken continuou, "e era a primeira vez que ele estava tentando fazer sexo com uma certa menina.

Estavam na casa dela, e os pais dela tinham saído e iam voltar tarde. Bem quando ele estava para penetrá-la, ouviu um barulho e achou que eram os pais dela chegando. Era alarme falso, mas daí ele ficou muito mole para continuar. Era como jogar snooker com um macarrão cozido."

"O que a menina fez?", Trudy perguntou.

"Ela tentou de tudo, mas, para falar a verdade, assim que o pênis ficou mole, não importava mais o que ela fizesse. Era como se ela nem estivesse mais lá, a não ser como um alvo que ele precisava acertar na mosca."

"Sei como é quando o cara simplesmente desaparece dentro de sua própria cabeça", disse Judy. "Uma vez teve um fulano que ficou andando pelo meu quarto balançando a cabeça depois que as coisas deixaram de, é... progredir, e ele ficava falando com ele mesmo como se eu não estivesse no quarto. Eu me enchi, acenei para ele e disse: 'Alô, lembra de mim?'"

"Já não tinha mais nada a ver com você, Judy. Nesse momento era só ele e o pênis dele", Lawrence explicou, como se tivesse uma percepção pessoal da experiência.

"Exatamente!", disse Deanna. "Mais um exemplo do equivocado jeito de pensar masculino. Eles pensam demais quando se trata do pênis deles. Aprendi a simplesmente pular em cima do cara quando começo com ele, para que ele não tenha tempo de pensar no assunto e ficar nervoso. Graças a Deus que agora existe o Viagra para ajudar o sexo frágil!"

"E que Deus seja louvado por isso!", exclamou Mark, que até então estivera estranhamente silencioso, e todos riram.

O IMPERATIVO DA PERFORMANCE MASCULINA

Em nossa sociedade a performance é tudo. Admiramos aqueles que possuem o que Ernest Hemingway, ele mesmo o campeão peso pesado dos autores supermachos, chamou de graça sob pressão, como o prefeito Giuliani da cidade de Nova York depois dos ataques terroristas ao World Trade Center, ou o presidente Kennedy encarando os russos durante a crise cubana dos mísseis. Até mesmo tratamos nossos melhores atletas como heróis, particularmente aqueles que são capazes das jogadas decisivas – esses homens e mulheres que se saem bem nos momentos de maior pressão: aquele que faz a última jogada que decidirá o jogo quando o marcador de tempo está nos últimos segundos.

No outro extremo do espectro estão aqueles indivíduos que desempenham mal quando todas as luzes se voltam para eles. Desses infelizes homens e mulheres, às vezes não mais que meninos e meninas, se diz que "amarelaram". Bill Buckner era um jogador do Red Sox de Boston até então muito razoável quando errou uma jogada fácil durante a World Series de 1986, fazendo com que o Red Sox perdesse um título que parecia já estar garantido. Embora Bill Buckner deva ter sido excelente em toda sua vida para chegar a um nível tão alto no beisebol, ele foi execrado depois em Boston e só é lembrado como o jogador que amarelou, "um perdedor".

Tem-se uma visão limitada da vida quando se enxergam apenas duas possibilidades com alguma oportunidade: ser o herói ou ser o bode expiatório. E no entanto é assim que os homens com freqüência se vêem. "Se tiver sucesso, sou um vencedor; se fracassar, sou um perdedor". Os meninos crescem com fantasias em que estão em situações de fazer-ou-morrer. É isso que alimenta fantasias de resgates heróicos em tempos de guerra, momentos atléticos críticos em que só resta uma chance para vencer, e mesmo os roteiros de histórias em quadrinhos. Quando eu era criança, costumava imaginar que era o Super-Homem tentando evitar uma catástrofe global porque um meteoro enorme iria atingir a Terra. Esse "treinamento" dos meninos pode transformar situações normais em verdadeiras panelas de pressão. Uma mulher pode não entender por que seu marido fica tão nervoso e suado ao enfrentar o trânsito tentando chegar na hora ao aeroporto. Mas ela nunca incorporou em sua essência a regra não-explícita que governa uma variedade de ações masculinas: o sucesso é crítico porque "o destino do universo está em jogo". Uma mulher pode ficar preocupada com o casal chegar tarde ao aeroporto por causa dos problemas práticos que disso decorrem, mas ela pode ficar atônita com a reação do homem, que se sente como se tivesse falhado em seu dever de homem, e é portanto um "perdedor".

Um dos poucos esforços humanos em que não há melhora com maior concentração ou determinação é criar uma ereção. "Relaxe, relaxe", é fácil de falar, mas completamente contra-intuitivo para um homem quando as coisas não estão dando certo sexualmente. Além disso, no momento em que um homem tem qualquer dúvida sobre se sua performance sexual está sendo boa, é provável que entre em pânico com o pensamento inevitável de que seu pênis poderá não funcionar de forma alguma na ocasião e que ele não conseguirá completar o que vê como um evento de suprema importância.

O PODER DE CURA DE UMA MULHER

Quando um homem e uma mulher passaram por toda a preparação que leva a um encontro sexual e o pênis não reage ou, pior ainda, a ereção desaparece bem na "hora da verdade", também para a mulher é uma decepção. Enquanto o homem tenta descobrir como lidar com essa situação embaraçosa, a mulher tem de lidar com sua própria série de questões. Não só ela pode se sentir frustrada, mas até achar que tem de desempenhar o papel de uma psicóloga amadora para dar um jeito na situação, ajudando o homem a obter de novo uma ereção ou se sentir bem para que eles possam tentar uma outra vez. Como Laurence disse, isso pode não ser fácil para a mulher quando a ereção falha, pois o homem pode ficar obcecado demais com seu próprio drama.

Mas algumas mulheres contam histórias notáveis de como uma ereção que falhou fez seu relacionamento avançar. "Eu conhecia Sean como amigo muito tempo antes de termos começado a sair, e realmente gostava dele", Bonnie começou, "mas, na primeira vez em que fomos para a cama juntos, eu podia ver que ele estava nervoso, e simplesmente não funcionou. Fiquei decepcionada, naturalmente, mas senti mais pelo Sean. Ele sempre agiu como um cara na dele, durão, mas parecia tão triste do jeito que estava sentado na borda da cama.

"Por fim, peguei o braço dele e o puxei para mim, dizendo 'Estou com tanto frio, venha me aquecer, por favor'. Quando deitamos juntos, me aninhei nele e disse todas as coisas que eu gostava nele. Quando eu disse que achava que ele era realmente terno, ele olhou para mim e disse: 'Sério?', como se não pudesse acreditar. Então eu disse a ele que não precisava fazer sexo com ele naquela noite, mas queria poder ficar junto dele e sentir suas mãos e seu corpo em mim.

"Foi uma noite maravilhosa. Sean foi terno comigo de uma maneira que eu nunca imaginara que ele fosse capaz. Ele sempre tinha feito o tipo macho quando nos beijamos antes, como se estivesse fazendo um papel vindo direto de algum filme de gângster, mas não naquela noite. Ele foi como um doce filhote de cachorrinho, me beijando toda. Não demorou muito para ele ficar com uma grande ereção, mas eu estava desfrutando tanto de Sean que não deixei ele pôr dentro de mim por um tempão. Quando finalmente deixei, foi fantástico para nós dois. Sean ainda dá uma de durão em público e quando está com seus amigos, mas nunca comigo. Ficamos noivos uns dois meses depois.

"Acho que Sean só precisava ouvir que eu gostava dele do jeito que ele realmente era, e então o pênis se resolveu por conta própria."

Como a história de Bonnie demonstra tão bem, se a meta do sexo é a intimidade em vez da performance, então a ausência de uma ereção firme não precisa interferir no fazer amor. De fato, em alguns casos, pode oferecer a oportunidade para tipos diferentes de interações prazerosas, tanto física quanto emocionalmente.

"É TUDO DA MINHA CABEÇA"

Quando homens ouvem a expressão *impotência psicogenética*, com freqüência a traduzem em linguagem coloquial: "Ah, já sei: você acha que é tudo coisa da minha cabeça". Embora isso seja verdade, porque o problema *está* na cabeça deles, isso não quer dizer que eles estejam *doidos*. As pessoas têm idéia de que um homem com uma causa psicológica para sua impotência deve ter tido um relacionamento estranho com sua mãe quando tinha 4 anos, ou de que ele precisa se vestir com roupas de mulher para conseguir uma ereção. Casos assim de fato existem, mas são raros. Tudo o que realmente significa é que os pensamentos ansiosos estão impedindo a reação habitual do corpo a uma situação sexual. Em vez de os vasos sanguíneos do pênis se encherem de sangue, a liberação de adrenalina que acompanha a ansiedade faz com que eles se contraiam, como uma mangueira com um nó, e o pênis não consegue ficar firme.

Sou fascinado pelo modo como a evolução criou esse sistema biológico maravilhoso que chamamos de corpo humano. Uma das respostas mais intensas do corpo é a reação ao medo, chamada de reação lute-ou-fuja. Um colega meu, o dr. Alan Altman, tem uma bela maneira de explicar como a reação lute-ou-fuja se aplica à sexualidade masculina. Imagine que, como um homem das cavernas, você é subitamente confrontado por um tigre-dentes-de-sabre. Você tem duas escolhas: lutar com ele ("lute"), ou sair correndo ("fuja"). A adrenalina é liberada no corpo para ajudar nessa situação aumentando a pulsação do coração e a pressão arterial, que ajuda a oxigenar o cérebro e os grandes músculos dos braços, das pernas e do torso.

Mas estar com o pênis duro só iria atrapalhar, tanto para lutar quanto para fugir. Parte da reação lute-ou-fuja é portanto garantir que o pênis fique mole. Como a ansiedade é o gatilho da reação lute-ou-fuja, isso explica por que ficar nervoso numa situação sexual resulta em ereções fracas ou inexistentes.

A comunidade médica ainda se mostra um pouco confusa quanto à impotência psicogenética. Embora o Viagra tenha se revelado particularmente efetivo para homens com um "pênis tímido", muitos médicos ainda acreditam que os homens devem resolver esse problema por conta própria em vez de tomarem um remédio.

Recentemente dei uma palestra para um grupo de 120 médicos dinamarqueses que estavam visitando o país, na qual descrevi dois casos. Um era o de um homem casado com mais de 60 anos com progressivas dificuldades de ereção ao longo dos anos, e que tinha pressão alta, bem como diabetes, dois fatores que contribuem para a disfunção erétil com base física. O segundo caso era o de um homem solteiro, jovem e saudável, que não conseguia ter ereção com uma nova parceira por causa da ansiedade, e continuava a ter dificuldades por várias semanas. Quando perguntei quantos na platéia se ofereceriam para tratar o primeiro homem com o Viagra, todas as mãos se levantaram. Quando perguntei sobre o segundo homem, apenas três mãos foram levantadas.

Fiquei um tanto surpreso com essa resposta, pois o homem jovem tinha maiores chances de um resultado bem-sucedido com o Viagra do que o mais velho. Mas esse episódio reforçou minha impressão de que a comunidade médica ainda resiste à idéia de que homens saudáveis devam tomar algum remédio para ajudar no sexo. Em vez disso, suas atitudes são de que o homem de algum jeito tem de resolver isso por conta própria, como se simplesmente ele não tivesse tentado o bastante. Ou talvez simplesmente não era algo que se supusesse que acontecesse. Mas, fosse como fosse, quase todos aqueles médicos achavam que não deviam se envolver em casos assim.

Eu discordo inteiramente dessa atitude. Homens com impotência psicogenética sofrem enormemente com sua incapacidade de ter relacionamentos sexuais satisfatórios. É maravilhoso vivermos numa época em que há um medicamento seguro e eficaz que pode ajudá-los. Ainda assim, como veremos, às vezes o Viagra funciona, e às vezes não.

QUANDO FUNCIONA, E QUANDO NÃO FUNCIONA?

Eis dois exemplos de casos recentes em que tentei usar o Viagra para homens com ansiedade com a performance.

A GRANDE PREPARAÇÃO

Matt tinha 41 anos e estava saindo com Melissa, de 34, uma ou duas vezes por semana já fazia quase dois meses.

Matt me contou a história de forma direta, sempre me olhando nos olhos. "Melissa era muito sexy, e me deixava muito excitado. Mas ela tinha uma coisa quanto a 'ir até o fim'. Queria ter certeza, disse, antes de se entregar a mim. Foi como ela disse – 'entregar-se a mim'. Eu estava achando que era tudo um pouco bobo, e até pensei em terminar o relacionamento, mas Melissa enfim disse: 'O.k., daqui a três sábados, vamos fazer'. Ela ficava falando disso e me mandando e-mails sobre isso: 'Fique pronto para mim!', ela dizia.

"Quando o dia enfim chegou, eu *estava* pronto. Ou achei que estava. Melissa vinha me encontrar em meu apartamento às dez da manhã. Fiquei esperando-a com meu melhor pijama. Imaginei que íamos direto para a cama e começar de uma vez. Mas ela estava vestida com roupas chiques e maquiada, como se fôssemos sair para jantar num bom restaurante. Tentei levá-la para o quarto – eu tinha esperado tanto, afinal, só por esse momento –, mas ela ainda não estava pronta.

"'Posso tomar um drinque antes?', ela perguntou.

"'Mas são só dez horas da manhã!', eu exclamei.

"'Por favor', ela pediu de novo. 'Você tem vinho tinto?'

"Depois de um drinque e uma conversa fiada frustrante, tentei levá-la de novo para o quarto, mas ela não quis ir. Ela comentou qualquer coisa sobre eu ainda não estar vestido. Então, mesmo sendo só onze horas num sábado, fui para o quarto, pus terno e gravata e voltei para a sala. Ela sorriu, disse que eu estava elegante e pediu outra taça de vinho. Depois de mais uns vinte minutos, ela pegou minha mão e me levou para o quarto. Eu pensei: 'Que diabo, as mulheres são esquisitas, mas enfim estou aprendendo a jogar direito o jogo'. Como eu estava errado!

"Entramos no quarto, e Melissa começou a tirar minha gravata e desabotoar minha camisa. Comecei então a ficar excitado. Só que ela ainda não ia me beijar, o que era estranho, porque essa era a coisa que ela sempre gostava de fazer comigo. Comecei a tentar tirar a blusa dela, e ela me deteve, dizendo: 'Ainda não, está muito claro aqui'.

"Era verdade; *estava* claro. Era pleno dia, afinal, e ainda um dia ensolarado. Minha persiana não esconde o sol lá muito bem, mas isso nunca me incomodara. Mas com certeza incomodava Melissa. Então, imagine o seguinte: nós dois acabamos nos equilibrando no aquecedor, pendurando cobertores nas janelas do meu quarto para cobrir a luz do dia! Eu ali de pé de roupa de baixo, e ela ainda com suas roupas chiques.

"Enfim ficou escuro. Aí então ela quis uma vela. Fui até a cozinha, peguei uma vela e a acendi. Então ela ficou contente. Tirou as roupas, e era absolutamente deslumbrante. Eu nunca a tinha visto nua antes. Ela me puxou para a cama. Fazia tanto tempo que eu estava esperando por esse momento. Mas não consegui que ele ficasse duro. Nada. Zero. Niente. E ainda depois de toda essa preparação."

"Aí, o que aconteceu?", eu perguntei.

"Bom, ela tentou por um bom tempo. Eu me senti um idiota. Tive a impressão de que meu corpo tinha me traído. Fui um atleta na escola e sempre pude contar com meu corpo. Mas, naquele dia, ele me deixou na mão. Minha vontade era realmente não estar ali. Preferia ter ido correr e suar bastante. Finalmente, ela disse: 'Acho que você precisa de um banho para relaxar.'

"Ela me levou para o banho. Trouxe a vela. Começou a me ensaboar. Foi gostoso. Ela entrou na banheira atrás de mim e esfregou minhas costas. E de repente meu pênis ficara um pouco duro. Melissa pulou por cima de mim, abriu as pernas e fez com que eu a penetrasse. Fizemos sexo desse jeito, embora meu pênis não tenha ficado completamente duro.

"Não foi um completo fiasco, sabe, mas foi embaraçoso. Gosto de pensar em mim como um cara sexualmente bem-sucedido, mas fui patético naquele dia. Ela disse: 'Não se preocupe com isso', mas eu me senti mal.

"Tentamos mais umas vezes desde então, mas nunca foi bom. Às vezes consigo que o pênis fique duro o suficiente para penetrá-la, mas fico pensando o tempo todo se vou conseguir mantê-lo assim. Na maioria das vezes, não levanta de jeito nenhum. Ainda mais esquisito é que às vezes consigo ejacular, mesmo sem o pênis estar duro. Isso é normal?"

"Pode acontecer", eu respondi. "A ejaculação tem o controle separado do da ereção, e pode ocorrer mesmo quando os vasos sanguíneos do pênis não o encheram inteiramente."

"Eu sei que não sou impotente, doutor. Eu fiquei perturbado quando aconteceu, preocupado com algo ter acontecido com meu corpo. Eu sei que isso parece esquisito, mas eu estava ficando maluco, então liguei para uma antiga namorada e fui vê-la um par de vezes. Tudo funcionou muito bem. Não gosto dela tanto quanto da Melissa, mas ela e eu sempre nos demos bem sexualmente. Ela nunca me fez passar por toda aquela bobagem de 'primeira vez'. De qualquer forma, foi assim que eu soube que meu problema era psicológico."

"Bom, parece que você fez um diagnóstico correto. Como posso ajudá-lo?", perguntei.

"Doutor, eu realmente gosto da Melissa, apesar de nossos problemas. Ou talvez eu só queira saber que posso fazer dar certo sexualmente com ela. Não sei. Mas o que eu gostaria de saber era se você acha que o Viagra pode me ajudar com ela."

Analisei o resto do histórico médico dele e fiz um exame. Tudo estava em ordem. Receitei o Viagra.

Matt voltou ao meu consultório no mês seguinte. Sorriu ao entrar na sala.

"Como você está, Matt?", perguntei.

"Ótimo, doutor. Muito obrigado pelo Viagra. Funcionou! O navio endireitou! Usei só algumas vezes, e aí achei que não precisava mais dele. Voltei ao normal. Mas, agora que o sexo está O.k., preciso resolver se Melissa é a pessoa certa para mim em outros aspectos. Recebi uma oferta de emprego em Seattle, para começar daqui a dois meses, e Melissa e eu estamos tentando decidir se é o caso de ela vir comigo."

O caso de Matt foi o do melhor tipo de cura com o Viagra. Assim que restabeleceu a confiança em sua capacidade de fazer sexo, ele não precisou mais do medicamento. Infelizmente, nem sempre funciona assim.

UM FRACASSO DO VIAGRA

William era um homem musculoso de 30 anos que conheci quando ele fez umas obras em minha casa. Um dia, bem depois de o serviço ter sido feito, ele me ligou no consultório e disse que estava tendo problemas sexuais com sua nova namorada. Seu médico havia receitado o Viagra, mas não tinha adiantado.

Fiquei surpreso, pois súbitas dificuldades com ereções em homens saudáveis são quase sempre um problema psicológico e, como vimos no caso de Matt, o Viagra usualmente é efetivo nessa situação. Perguntei-me se William estaria tomando o Viagra de forma adequada.

"William", eu disse pelo telefone, "estou saindo da cidade e não poderei vê-lo até a semana que vem. Enquanto isso, vamos ver se não podemos resolver as coisas para você já. Isso parece ser situacional, relacionado a alguma coisa que está acontecendo entre você e Julie, a sua nova amiga. O Viagra em geral funciona nesses casos, e vamos ver se você o está tomando corretamente. Qual é a dose que você tem tomado?"

"Comecei com uma pílula, 50 miligramas, e aí, quando não funcionou, passei para duas na vez seguinte, 100 miligramas."

"Quantas vezes você tomou 100 miligramas?"

"Até agora umas quatro ou cinco vezes."

"Você deu tempo para o remédio agir em seu sistema?"

"Sim. Faço o que o meu médico me disse: tomo pelo menos uma hora antes de tentarmos fazer sexo."

"Certo. Você toma antes ou depois da refeição?"

"Eu nem me preocupei com comida", disse William. "É importante?"

"É, sim. Se você toma o Viagra com alguma coisa no estômago, mesmo álcool, isso pode retardar a absorção do medicamento. Pode não funcionar tão bem, ou pode demorar bem mais para começar a funcionar. Alguns caras que o tomam depois de um jantar pesado só sentem o efeito na manhã seguinte."

"Eu não sabia disso", ele disse.

"Vamos fazer o seguinte", eu disse. "Por que você não toma o Viagra mais umas vezes, 100 miligramas, e me liga na semana que vem? Se não der certo, marcamos uma consulta. Preste atenção na questão da comida. Minha sugestão é que, se vocês forem sair de noite, tome o Viagra entre trinta e sessenta minutos antes de começar a beber e comer. Ele fica em seu sistema por seis horas, de modo que, se você tomar a pílula às seis da tarde, por exemplo, vai estar tudo certo até por volta da meia-noite.

"O que eu realmente acho é que você está perturbado pela coisa toda agora e, se tiver um ou dois sucessos com o Viagra, não vai mais precisar dele."

Não tive tempo de entrar em muitos detalhes com William pelo telefone, mas ele tinha me contado que ele e Julie tinham tido sucesso duas vezes, e depois nunca mais. Não havia dúvida em minha cabeça de que nada havia de errado com William em termos físicos, e que o problema se originava de alguma coisa entre ele e Julie. William era jovem e saudável, e tinha ereções normais até o momento dessas dificuldades. Quando um homem começa a ter problemas repentinamente, são poucas as possíveis causas disso: um novo remédio ou um aumento na dose de um remédio, novos eventos médicos significativos, como uma cirurgia, ou um acidente sério – ou então o problema é situacional.

Por situacional entendo algo relacionado à situação do homem que não está certo. Pode ser ansiedade ou algum constrangimento. Talvez ele esteja bravo com sua parceira. Talvez a mulher esteja brava com o homem e portanto não ofereça os sinais sexuais usuais que dão ao homem o encorajamento de que ele precisa.

Em todo caso, eu estava confiante de que o Viagra iria funcionar para William. Um estudo apresentado numa conferência nacional de urologia mostrou que 40% dos homens que disseram que o Viagra não funcionara para eles poderiam ter sucesso se fossem instruídos apropriadamente sobre o modo de usar. A questão principal é tomá-lo com o estômago vazio. Como William não prestara atenção nisso, achei que havia uma excelente chance de sucesso se ele tomasse a dose antes das refeições.

William me ligou de novo na semana seguinte. "Não melhorou nada", ele disse. "Fiz exatamente como você disse, mas não notei nada de diferente com o Viagra. É como tentar enfiar *marshmallow* num buraco de fechadura."

"Vamos ver se há algum problema físico", eu disse a William pelo telefone. Providenciei que ele fizesse alguns exames e então viesse me ver.

William veio a meu consultório na semana seguinte. Trocamos de novo um aperto de mão. "Obrigado por me receber", ele disse. "É estranho encontrá-lo como meu médico, mas é legal. Não é fácil falar desse assunto, mas pelo menos sei que posso confiar em você."

"Sei que é um pouco estranho, mas tudo bem", eu disse, sorrindo. "Esse é o meu trabalho", e o convidei a sentar. "William, você me contou um pouco pelo telefone, mas acho que devíamos começar com você me contando o que tem acontecido entre você e Julie."

"Não tem muito o que contar", ele disse. "Conheci Julie uns dois meses atrás, e nos demos bem logo de cara. O sexo foi legal nas duas primeiras vezes, mas na terceira meu pênis não levantou de jeito nenhum. Não sei explicar. Eu não estava nervoso nem coisa parecida. Simplesmente não aconteceu. Tentamos um milhão de vezes desde então, com e sem o Viagra, e meu pênis nunca fica realmente duro com ela. De vez em quando, consigo que ele fique meio firme, o bastante para penetrá-la, mas é um desastre. Simplesmente ele não quer saber de ficar duro."

"Aconteceu algo diferente na terceira vez com Julie?", perguntei.

"Não que eu me lembre."

"Você está tomando algum remédio?"

"Não, nenhum."

"Você se machucou perto do pênis ou entre as pernas, caindo no cano de uma bicicleta, ou algo assim?"

"Não."

"Você acordou com uma ereção de manhã ou no meio da noite desde que começou a ver Julie?"

"Não, doutor, e isso é uma parte do que está me deixando maluco. Tenho medo de haver alguma coisa errada comigo. Tudo está simplesmente diferente!"

"Você consegue se masturbar e obter uma ereção firme assim? Quero dizer, recentemente?"

"Eu tentei, doutor, eu tentei. Meio que funciona desse jeito. Não demais, mas acontece. Fiz isso com e sem o Viagra. Mas é quase como se o pênis não sentisse do mesmo jeito mais, como se estivesse morto. Receio que haja qualquer coisa errada aí embaixo."

Examinei William. Estava em excelente forma, muito musculoso, e com um bronzeado no corpo inteiro que obtinha indo numa clínica de bronzeamento regularmente.

"William, tem alguma coisa que não estou entendendo aqui. O exame mostra que você está normal. Olhei os resultados dos outros exames também, e tudo está em ordem. De fato", continuei, mostrando-lhe um gráfico, "esse é o exame noturno que você fez com os dois anéis em volta do pênis para registrar suas ereções. Toda noite, o corpo tenta obter várias ereções, associadas com sonhos. Você não pode ficar nervoso quando está dormindo, de modo que obtemos, num certo sentido, uma imagem de suas ereções 'puras'. Se você olhar aqui, verá que teve quatro ereções por noite, algumas delas durando até 45 minutos. E, sobretudo, que a rigidez dessas ereções foi excelente."

"Não entendo. O que isso significa?", ele perguntou.

"Significa que quando o seu cérebro não está pensando nisso você consegue ereções excelentes. Os vasos sanguíneos e os nervos em seu pênis estão ótimos, mas nem mesmo o Viagra pode lhe dar uma ereção se sua mente diz não."

"Então não há nada de errado fisicamente comigo, é isso o que você está dizendo?"

"Certo."

William encostou-se na cadeira, refletindo sobre essa informação. "*Acho* que isso é bom." Ficou quieto por um instante. "Então isso é tudo da minha cabeça? É isso que você está me dizendo?", disse ele com mais calma.

"Sim. Conte-me de novo o que aconteceu na terceira vez com Julie. Acho que é aí que está o segredo. Tenho certeza de que houve qualquer coisa de diferente nesta vez. O que você lembra desta noite?"

William olhou para as palmas das mãos, suspirou, e olhou para mim. "Posso ser franco com você?", perguntou. Engoliu em seco. "A verdade é que eu não me sentia à altura da Julie. Ela é sexualmente agressiva de um jeito a que eu não estou acostumado. Uma noite, quando começamos a nos ver, eu estava levando ela para casa, e ela começou a desabotoar minha camisa enquanto eu dirigia na estrada, passando as mãos pelo meu peito e beijando meu pescoço. Foi incrível não termos batido numa árvore.

"Aquela terceira noite em que as coisas não deram certo? Estávamos tomando um drinque, e ela me perguntou se eu já tinha estado com mais de uma mulher numa só vez. Eu *nunca* tinha feito nada ousado assim. Na verdade, não acho que eu seja nem um pouco ousado. Devolvi a pergunta, se ela tinha estado com mais de um cara, e ela me contou de uma festa em que estivera há uns anos. Ela tinha ficado bêbada e tirara um cochilo num dos quartos de dormir. Dois caras vieram falar com ela, e ela acabou fazendo sexo com os dois ao mesmo tempo.

"Acho que ela pensou que isso ia me deixar excitado, mas me incomodou. Não acho que eu seja um puritano, mas não queria ouvir sobre ela e outros caras, especialmente fazendo coisas como aquela. Eu jamais faria algo assim. Ficaria muito nervoso. Ouvindo-a contar, eu me senti como um cara travado, rígido."

William fez uma pausa. Flexionou os músculos do peito e dos braços, se espreguiçou e me olhou com um sorriso acanhado. "Isso é provavelmente o tipo de coisa que você estava querendo saber, não é?", perguntou.

"Você alguma vez considerou a possibilidade de que Julie pode estar saindo com você porque ela gosta de você?", perguntei.

William riu alto. "Mas isso é óbvio demais! Não, eu nunca considerei essa possibilidade. Tenho uma idéia meio maluca de que uma mulher só vai gostar de mim se eu tiver algo especial a oferecer, como minha motocicleta Harley ou bíceps grandes de malhar na academia. Ela ainda me conta histórias sobre sexo com outros caras, e pergunta das minhas experiências. Sempre amei sexo, e sempre foi excitante para mim, mas minhas histórias pareciam sem graça perto das dela. E, para começar, me sinto esquisito ao contá-las. Eu não acho certo para nós ficarmos falando sobre sexo com outras pessoas. Talvez eu *seja* mesmo travado. Julie age como se fosse importante ser aberto sobre essas coisas, mas me dá nos nervos. O que eu faço com isso?"

"Você alguma vez disse isso a ela?" William fez que não com a cabeça. "Diga a ela para parar. Diga a ela que pensar nela fazendo sexo com outros homens o deixa maluco. Ela vai se sentir lisonjeada. Contudo o mais importante é que você precisa fazer o que é necessário para poder ficar à vontade com ela." Deixei-o absorver isso antes de continuar. "Deixe-me entender claramente uma coisa, William. Fora isso com o sexo, você gosta da Julie?"

"Sim."

"Por quê?"

"Nós nos divertimos muito juntos. Estamos sempre rindo. Há um monte de coisas que ambos gostamos de fazer."

"Ótimo. Ela sabe que você veio aqui hoje?"

"De jeito nenhum."

"Ela sabe que você experimentou o Viagra?"

"Não."

"O.k. Eis minhas recomendações. Antes de tudo, conte a ela que veio me ver. Faça com que ela saiba que isso é bastante importante para você, tanto que você decidiu procurar um especialista. Isso vai liberá-lo da pressão de manter um segredo. Dê a ela a chance de ser sua aliada em vez de um obstáculo. Depois, é essencial que você só faça sexo quando estiver com vontade de fazer."

"Não sei se entendi o que você quer dizer. Eu *sempre* tenho vontade de fazer sexo."

"Não acredito nisso. Na verdade, aposto que você quase nunca tem mais realmente vontade de fazer sexo com Julie. A maioria dos caras na sua situação perde aquele sentimento afetuoso. Mas também tenho certeza de que há alguns momentos em que você *de fato* fica ao menos um pouco excitado com ela. É nesses momentos que você deve tentar."

"É uma coisa engraçada do Viagra", continuei. "Um monte de homens pensa que o Viagra lhes dará a ereção que querem, não importando as circunstâncias. Mas não é verdade. O homem precisa estar sexualmente excitado para o Viagra funcionar. O Viagra não funciona para homens que pensam no sexo como uma tarefa."

Na manhã seguinte, minha secretária veio ao meu consultório dizer que William estava esperando para me ver. William estava sorrindo de orelha a orelha. "Desculpe incomodá-lo, especialmente sem ter marcado uma consulta", ele se precipitou, "mas eu tinha de lhe contar o que aconteceu. Depois que saí de seu consultório, fui procurar Julie. Disse a ela que não queria mais ouvir nada sobre os outros caras. Disse a ela que ouvir essas coisas me deixava maluco. Até falei que isso fazia me sentir inadequado, como se eu não fosse ousado o suficiente para os padrões dela."

William fez uma pausa para recuperar o fôlego. "Foi incrível o que aconteceu depois. Ela começou a chorar e a pedir desculpas sem parar. Ela disse que só estava querendo me impressionar, porque achava que eu já tinha estado com um monte de mulheres. Ela disse que gostava do fato de eu não ser tão ousado, pois talvez pudesse confiar em mim, ao contrário dos homens anteriores em sua vida. Ela disse que simplesmente gostava de ficar comigo. Ela me abraçou tão forte enquanto falava e chorava, que eu acabei com uma ereção fantástica. Terminamos tendo um dia e uma noite de sexo incríveis. E adivinhe só!" William ergueu os braços para o teto como se comemorasse um golaço. "Sem Viagra!", ele bradou.

"William, você está curado!"

APRENDENDO COM O VIAGRA

A preocupação masculina com o desempenho sexual pode criar uma ansiedade enorme, o que pode tornar impossível qualquer funcionamento do pênis. Quando isso acontece, os homens tendem a ver seu fracasso em termos dramáticos e podem sentir que sua incapacidade para ter uma ereção num dado momento significa que eles são uns perdedores ou imprestáveis. Na vez seguinte que tenta fazer sexo, o homem provavelmente estará muito preocupado se seu pênis vai reagir apropriadamente, o que poderá tornar a situação ainda pior.

O Viagra pode ser um tratamento eficaz para homens com esse tipo de problema de ereção. Se houver excitação sexual, o Viagra ajudará o pênis a obter a rigidez adequada. Matt foi uma grande cura do Viagra porque precisou tomá-lo só algumas vezes até recuperar sua confiança sexual. Muitos homens dizem que só sentir seu pênis ficando mais duro já os deixa mais excitados, e o Viagra pode ajudar desse modo também.

Alguns homens solteiros no circuito dos encontros usam Viagra toda vez que começam um novo relacionamento sexual para evitar a frustração e o constrangimento que podem ter experimentado anteriormente com um "pênis tímido". Embora essa não seja uma indicação médica padrão para o uso do Viagra, não tenho objeções quanto a receitá-lo para essa situação. Faz perfeito sentido para mim. Mas também recomendo que, se esses homens quiserem continuar o relacionamento, há um momento em que eles devem contar a suas parceiras que estão tomando o Viagra e o porquê, para que possam discutir algumas das questões e ansiedades e decidir se continuar com esse medicamento é realmente necessário com o decorrer do tempo.

O mito do Viagra é que uma pílula pode resolver todos os nossos problemas sexuais. Mas a vida é mais complicada do que isso. William perdeu sua emoção sexual quando estava com Julie, e o Viagra não pôde ajudá-lo porque a emoção simplesmente não estava lá. Em vez de se sentir excitado, ele se sentia como se tivesse de saltar um obstáculo. O sexo era um desafio, e ele lidava com isso como se fosse um aparelho da academia: dando duro. Assim que ele foi honesto e aberto com Julie e ela reagiu favoravelmente, a emoção sexual voltou, e ele nem sequer precisou do Viagra.

Curiosamente, algumas mulheres descobriram que a incapacidade de um homem para obter uma ereção firme oferece uma oportunidade para um tipo diferente de conexão: uma conexão em que o homem está mais vulnerável e em alguns aspectos mais acessível emocionalmente. Aceitar o homem, esteja ele "desempenhando bem" ou não, pode liberar nele uma torrente de sentimentos calorosos e positivos, a qual pode acabar causando calor e firmeza também no pênis.

LIÇÕES

- Os homens encaram com excessiva freqüência o sexo como uma performance em vez de uma atividade compartilhada com a parceira. Infelizmente, isso cria pressão sobre o homem, o que pode tornar difícil que obtenha uma ereção. Isso se chama ansiedade com a performance ou impotência psicogenética.

- Uma série de coisas pode contribuir para a falha ocasional da ereção, entre elas estresse, álcool, drogas, fadiga e problemas de relacionamento.
- Se um homem não conseguiu obter uma ereção uma vez, é inevitável que na próxima vez que tentar uma parte de seu cérebro fique ocupada avaliando se o pênis está duro o suficiente e se vai funcionar apropriadamente. Naturalmente, esse processo interfere no sexo e torna ainda mais difícil obter uma boa ereção. Se um homem falha algumas vezes seguidas, é provável que ele perca toda a confiança em sua capacidade de ter um bom desempenho sexual.
- Os homens tendem a pensar demais em seu pênis. Muitas mulheres aprenderam que, se seu parceiro está angustiado com sua disfunção erétil psicogenética, fazem bem em ir direto à penetração, antes que ele tenha tido tempo de pensar em sua ereção e acabar com ela!
- O Viagra pode ser eficaz para "dar partida no tranco" para muitos homens que têm disfunção erétil psicogenética.
- O Viagra não resolve as questões subjacentes – num relacionamento – que podem ocasionar as dificuldades ao fazer amor. A melhor solução com freqüência é limpar o caminho discutindo o que não está legal para cada pessoa.
- Uma falha na ereção pode acabar sendo uma oportunidade para um tipo diferente de intimidade física e emocional que pode fazer bem a um relacionamento.

CAPÍTULO 4

VIAGRA E DESEJO

"DOUTOR," COMEÇOU Geoffrey, um garboso inglês de 67 anos, "será que você faria a gentileza de me dar uma receita de Viagra? Acho que não lembro onde deixei meu desejo sexual. Não me sinto exatamente o mesmo sem ele, e gostaria que você me ajudasse a encontrá-lo." Não havia nada de errado além disso com Geoffrey: ele apenas queria se sentir como era quando mais jovem, cheio de desejo.

Eis outro aspecto do mito do Viagra: a idéia de que tomar uma pílula pode mudar quem somos no âmbito do desejo sexual. E não tenha dúvida quanto a isso. A sensação de ser "altamente sexuado" e estar sempre pronto para alguma "ação" é importante para a auto-imagem masculina de muitos homens. Mesmo um homem que sabe que jamais teria coragem de se aproximar de uma mulher tem em alta conta a idéia de ter a vontade e a capacidade de ser um animal sexual, se as circunstâncias fossem um pouco diferentes. O declínio do desejo gera nos homens a preocupação de que há algo errado em seu mundo.

No passado, os homens faziam o que podiam para restaurar sua capacidade sexual: lançar-se em rotinas extenuantes de exercícios físicos, mudar a alimentação, começar um regime com suplementos vitamínicos, ou todas as anteriores. Hoje, há uma pílula que acumulou atenção mundo afora como a salvação sexual da humanidade: o Viagra.

Quão bem o Viagra realmente funciona para homens que vivenciaram um declínio em seu desejo sexual? A resposta depende em grande medida da causa da diminuição do desejo. Se o desejo ficou sufocado ou esvaziado por causa de ansiedade com a performance ou do constrangimento da disfunção erétil autêntica, então o Viagra pode ajudar muito. O Viagra restaura o desejo nessa situação por permitir ao homem experimentar o sucesso sexual de novo. No entanto, o Viagra não ajudará se há uma deficiência de testosterona ou se o problema resulta de efeitos colaterais de remédios. Além do mais, se a falta de desejo é devida a algum problema subjacente do indivíduo ou do relacionamento, o Viagra não pode fornecer sua mítica cura.

"Com certeza qualquer um entende isso", disse alguém com quem eu jantava, zombando da noção de que os homens acreditariam que o Viagra seria a solução para problemas interpessoais. Mas pela minha experiência muitos homens não entendem isso. Homens me pedem regularmente Viagra para ajudar a resolver sua falta de desejo, ao mesmo tempo mostrando uma percepção notavelmente limitada do que está errado com eles ou com seus relacionamentos. Parte da razão é que os homens têm tendência a se distanciar de seus sentimentos, não percebendo que podem até estar deprimidos com alguma coisa, ou fervendo de ódio de suas parceiras sob seu jeito tranqüilo.

Mas parte do problema resulta de que, como cultura, ainda estamos enamorados com a solução fácil, a idéia de que uma pílula mágica resolverá todos os nossos problemas. No domínio sexual, isso se traduz numa demanda pelo Viagra. Certamente, é bem mais fácil tomar uma pílula do que encarar a complicada tarefa de lidar com problemas mais profundos de identidade ou de relacionamento.

O DILEMA DO DESEJO

Há uma cena maravilhosa no filme *Annie Hall*, em que o personagem feito por Woody Allen se queixa a seu psicoterapeuta de que ele e sua namorada quase nunca fazem sexo. Ao mesmo tempo, a namorada, papel interpretado por Diane Keaton, está se queixando ao terapeuta dela de que eles estão constantemente fazendo sexo. Os dois psiquiatras perguntam com que freqüência eles fazem sexo, e ambos os personagens dão a mesma resposta: três vezes por semana. Eles concordavam quanto ao fato, mas tinham experiências completamente diferentes quanto a se isso era sexo de mais ou de menos.

Esse folclore-padrão sobre homens e mulheres afirma que o homem está sempre querendo sexo e que a mulher tem de lidar com o constante apetite sexual do homem. Embora haja ao menos um grão de verdade nesse estereótipo, especialmente quando se é jovem, de forma alguma ele é universal. Ao se liberar do puritanismo que sugeria que não deviam se interessar por sexo, que "boas meninas não fazem isso", as mulheres se tornaram crescentemente capazes de se entender com sua própria sexualidade e de se sentir livres para expressar seu desejo sexual. Em conseqüência, não mais é incomum ser a mulher quem começa o sexo ou quem deseja fazê-lo com mais freqüência do que seu parceiro.

Quando os homens saem do período induzido pelos hormônios de obsessão por sexo da adolescência e do início da juventude, o desejo sexual pode ser ainda forte, mas não mais tão compulsivo. A vida começa a sério, e quando os homens assumem as responsabilidades do trabalho, do casamento e da paternidade, com freqüência descobrem que o desejo sexual pode deixar de ser o imperativo que antes era. Uma vez tive um paciente que, casado há quinze anos, era incapaz de fazer sexo durante a semana, mas não tinha dificuldade quando ele e a mulher fugiam para a casa de campo deles nos fins de semana.

"Na cidade, sempre me sinto pressionado, e não consigo fazer com que meu cérebro pare de pensar no trabalho e em minha lista de coisas a fazer. É só na casa de campo que consigo relaxar e deixar que pensamentos sexuais aflorem em minha mente", ele explicou.

Muitos casais se sentem tranqüilizados de que sua vida sexual está em ordem pelo ressurgimento da atividade sexual que com tanta freqüência acompanha as férias. Seja por causa da mudança de paisagem, da distância do estresse e dos problemas, seja simplesmente por ter uma oportunidade de se familiarizar de novo entre si, o desejo muitas vezes se torna forte de novo quando os casais estão longe de casa. Algumas mulheres aprenderam que algum tipo de mudança é a chave para inflamar novos fogos em seus parceiros, por exemplo, usando uma lingerie nova na cama, fazendo uma rápida viagem de férias, ou achando tempo para ficarem sozinhos nas agendas lotadas de ambos.

Não existe uma freqüência definida de quantas vezes um homem ou uma mulher devem desejar sexo, por causa da ampla variação do que constitui uma sexualidade normal. Na condição de médico, começo a me preocupar quando fico sabendo que houve uma mudança no nível de libido do homem ou que sua parceira percebeu uma mudança. Se isso aconteceu, é o momento de se perguntar o porquê e tentar determinar se o problema diz respeito a questões de relacionamento, estresses da vida, depressão, mudanças hormonais ou medicamentos.

Um declínio no desejo pode também ser para o homem um indicador de que ele está ficando velho. Os homens não gostam dessa idéia, especialmente os *baby boomers*, que acham que não há razão nenhuma nesse mundo para que eles percam um pouquinho que seja das bençãos físicas de que desfrutaram nos primeiros cinqüenta anos de suas vidas. Se você não acredita em mim, basta verificar a idade de alguns dos homens que hoje em dia praticam mountain biking, triatlo e até esportes ainda mais radicais.

No espírito cultural de "uma vida melhor por meio da farmacologia", muitos homens que estão começando a sentir o declínio se agarram ao Viagra para ajudá-los a manter seu vigor sexual e seu nível de freqüência sexual e de desejo. Eis, então, outro aspecto do mito do Viagra: que uma pílula pode restaurar nos homens mais velhos o nível de desejo dos 20 anos de idade. Como é a realidade em relação a essa mitologia?

O MITO VERSUS A REALIDADE

Um economista de 47 anos envolvido em aquisição de empresas descreveu seus pensamentos sobre o Viagra e o desejo. "Tenho grande respeito pelo Viagra", disse. "Vi uma entrevista com Hugh Hefner, que já deve estar chegando aos 80, e ele estava com duas gêmeas loiras lindas, uma em cada braço. O entrevistador perguntou como ele fazia para continuar sexualmente ativo depois desses anos todos, e Hefner respondeu:

'Viagra'. O entrevistador então perguntou o que explicava o forte apetite sexual dele numa idade em que muitos homens simplesmente desistiram do sexo, e Hefner disse apenas 'Viagra'. Eu nunca tomei, mas, se o Viagra concede a Hugh Hefner esse tipo de desejo, então me dá esperanças de que eu também poderei ser eternamente um lobo faminto."

Associamos um alto nível de desejo sexual com poder. Como cultura, quase prevemos ouvir histórias sobre os ricos e suas aventuras sexuais. Estendemos isso até a nossos presidentes, não obstante o escândalo Clinton-Lewinski. Quando as histórias sobre o presidente Kennedy apareceram, depois de sua morte, suas aventuras sexuais, por exemplo com Marilyn Monroe, apenas aumentaram sua aura, em vez de diminuí-la. Os heróis dos filmes de ação parecem sempre dispostos a e capazes de fazer sexo várias vezes ao dia, não importando quão próximos pareçam estar da morte. James Bond é um excelente exemplo disso.

O PONTO DE VISTA MÉDICO

Do ponto de vista médico, o Viagra nada tem a ver com desejo sexual. O Viagra pode ajudar no fluxo de sangue para o pênis, mas não é um afrodisíaco, e não há prova alguma de que tenha algum efeito na parte do cérebro que controla o desejo e o comportamento sexual. O Viagra não ajuda a criar desejo sexual nem um ímpeto de paixão ou libido onde antes não havia nenhum. Não é isso que ele faz nem é para isso que ele existe.

Uma das causas mais comuns da redução do desejo sexual é o uso amplamente difundido dos antidepressivos chamados inibidores da reabsorção de serotonina, tais como Prozac, Zoloft e Paxil. Embora esses medicamentos sejam altamente efetivos, eles de fato têm esse efeito colateral comum, tanto para homens quanto para mulheres, de reduzir o desejo sexual. Há outro efeito colateral que afeta homens e mulheres e que pode ser bastante problemático: pode se tornar difícil chegar ao orgasmo.

O Viagra nada faz contra esses efeitos, e usar o Viagra para tratar a falta de desejo num indivíduo que toma um desses medicamentos é perda de tempo. Um curso de ação muito melhor para alguém que sente um efeito colateral sexual de um desses ou de qualquer outro medicamento é falar com o médico sobre isso, pois em muitos casos talvez seja possível mudar os medicamentos e evitar os problemas sexuais.

Apesar disso, *pode* haver circunstâncias em que o Viagra *funciona* para restaurar o desejo sexual de um homem, como é demonstrado por Ted na história seguinte.

"ESTOU AQUI PARA FAZER MINHA MULHER FELIZ"

Ted tinha 62 anos quando me procurou. Uma das perguntas do questionário médico-padrão que peço a todos os pacientes para preencherem antes de sua primeira consulta comigo é "Qual é a principal razão de sua consulta com o médico?" Ted escrevera nesse espaço, com uma letra caprichada: "Estou aqui para fazer minha mulher feliz".

"Como posso ajudá-lo?", perguntei depois de me apresentar.

"Na verdade, doutor, foi minha mulher que marcou a consulta para mim. Ela acha que eu não me interesso o bastante por sexo", Ted disse sem rodeios.

"Por que ela acha isso?", perguntei.

"Ela diz que não é normal que um homem se satisfaça fazendo sexo só uma vez por mês, ou a cada dois meses. Primeiro, ela ficou em dúvida sobre se eu tinha uma amante, mas eu não tenho, e nós passamos tanto tempo juntos que ela percebeu que eu teria de ser uma espécie de mestre dos disfarces para conseguir."

"E você se satisfaz fazendo sexo só uma vez por mês ou a cada dois meses?", perguntei.

"Doutor, não vou lhe dizer que nossa vida sexual é ótima. Porque não é. Tem sido um problema desde que diagnosticaram que eu tinha diabetes, há três anos, e minhas ereções começaram a ficar flácidas logo depois disso. Alice não entende que parece idiota ficar tentando fazer sexo quando seu pênis não presta mais."

"Por favor, explique o que você quer dizer com isso."

"Bom, meu pênis nunca fica duro de verdade. Jamais. Eu mal consigo pôr ele dentro, e isso só acontece se Alice faz sexo oral em mim antes. Ela nunca foi muito fã de sexo oral nos primeiros vinte anos de nosso casamento, mas agora é a única maneira de fazer acontecer alguma coisa. E o que ainda é pior é que, quando finalmente fica duro o suficiente para penetrar, gozo tão rápido que é como se eu fosse um adolescente de novo."

"E quanto a seu apetite sexual interno?", perguntei. "Você sente necessidade de se masturbar?"

"Só muito raramente", ele respondeu.

"E quando passa uma mulher bonita ? Você ainda presta atenção?"

"Não do mesmo jeito, doutor. Mas sei o que você está perguntando. Costumava acontecer que, quando via uma mulher atraente, eu sentia uma espécie de eletricidade passando por todo o meu corpo. Mas não sinto mais isso. De jeito nenhum." Então ele disse, melancolicamente: "Essa era uma sensação gostosa. Lembro bem disso. Ver uma mulher bonita podia iluminar todo o meu dia!"

"Ted", eu perguntei, "o que você se lembra de ter acontecido antes: perder o desejo por sexo ou ter problema em obter uma boa ereção?"

"Com certeza, perdi as ereções antes", ele disse. "Quando isso aconteceu, foi como se alguém tivesse desligado o interruptor da luz na minha cabeça, e desde então dificilmente tive algum pensamento sexual."

Ted voltou ao meu consultório depois de ter feito alguns exames para o diagnóstico.

"Ted", eu comecei, "os exames mostram que suas ereções ruins se devem a vasos sanguíneos danificados, o que é muito comum em homens com diabetes ou outros problemas médicos como hipertensão ou doenças cardíacas. Recomendo que você experimente o Viagra. Acho que há uma boa chance de que ele o ajude a obter ereções mais firmes, o que fará com que o sexo seja mais prazeroso para você e sua mulher."

"E quanto à minha falta de desejo, doutor? Era isso que realmente estava preocupando Alice. O Viagra vai ajudar nisso?"

"É difícil dizer. Para alguns homens, uma ereção ruim torna o sexo tão desagradável que é quase como se uma parte do cérebro deles se fechasse, e eles perdem todo impulso sexual. Se a ereção pode melhorar, eles começam a se interessar por sexo de novo, e o desejo volta. Vamos ver o que acontece com você."

"Quando você sugere que eu o experimente?", Ted perguntou.

"Agora mesmo! Como o pessoal mais jovem diz: 'Manda ver, cara'. Trate de se divertir um pouco!"

Ted sorriu ao sair do consultório levando sua receita de Viagra.

UM INESPERADO EFEITO COLATERAL DO DESEJO RESTAURADO

Um mês depois, Ted voltou ao consultório, acompanhado por Alice. Formavam um belo casal.

"Então, Ted, o que você tem para me contar?", perguntei.

Ted e Alice sorriram um para o outro como cúmplices numa conspiração. Alice parecia orgulhosa.

"Tem sido muito bom, doutor", Ted disse.

"E o que significa 'muito bom'?", perguntei.

"Vá em frente, Teddy", Alice o encorajou. "Conte ao doutor como tem sido desde que você começou a tomar o Viagra."

Ted pareceu um pouco constrangido. "O Viagra funciona bem. Funciona mesmo. Minha ereção não era boa assim há anos."

Mas fiquei com a impressão de que alguma coisa não estava certa. "Ted, parece que você está escondendo algo de mim. Há alguma coisa que não deu certo?"

"Não. De forma alguma."

"Houve algum efeito colateral que o incomodou?", tentei descobrir.

"Não."

"O.k.", eu disse, deixando de lado o que me dizia que havia algum problema que Ted não queria compartilhar comigo. "Então me conte, o que aconteceu com seu desejo sexual?"

"Bom, é precisamente isso, doutor." Ted começou devagar, e foi ganhando ímpeto ao contar o resto. "Meu desejo voltou com tudo. Não fazemos outra coisa praticamente toda noite nas últimas semanas. Alice e eu não ficávamos assim desde quando éramos recém-casados. E, agora que as crianças cresceram e não moram mais em casa, aproveitamos para inaugurar cada quarto da casa!"

Alice corou com essa revelação.

"Mas estou preocupado, doutor", Ted continuou.

"Preocupado com o quê?"

"Estou com medo de ter ficado viciado em Viagra! E é tão caro que vamos acabar gastando todo o dinheiro da nossa aposentadoria!"

O ERRO DE MASTERS E JOHNSON

Quando Masters e Johnson fizeram seu significativo trabalho sobre disfunção sexual nas décadas de 1960 e 1970, uma de suas descobertas mais difundidas, e infelizmente incorreta, era que havia uma base psicológica para a maioria dos problemas de ereção dos homens. Uma das razões pelas quais Masters e Johnson acreditavam nisso era que, na maioria, os homens que sofriam de impotência diziam que não mais sentiam prazer no sexo, ou o achavam constrangedor, ou o evitavam, ou tinham pouco desejo de fazê-lo. Como o exame médico era normal na maioria desses homens, Masters e Johnson somaram dois e dois e sem hesitação obtiveram o número três, concluindo que o embaraço em relação ao sexo havia causado a impotência. Na verdade, a vasta maioria dos homens com persistentes problemas de ereção tem uma base física para isso.

Uma razão importante pela qual Masters e Johnson chegaram a sua conclusão incorreta é que desde então aprendemos que as mudanças físicas que resultam em problemas de ereção são quase sempre muito sutis para serem detectadas em exames de rotina, requerendo em vez disso exames sofisticados para confirmar o diagnóstico. Um segundo erro foi a crença deles de que as atitudes negativas em relação ao sexo que esses homens exibiam eram a causa de suas dificuldades, em vez de uma reação compreensível à disfunção erétil. Os homens não gostam de fazer sexo se não conseguem sentir que são bons amantes. Para muitos homens, isso tem como resultado que o cérebro paralise o desejo sexual. Tornar-se de novo capaz de fazer bom sexo desperta o leão adormecido, e Ted foi um bom exemplo disso. A chave na história de

Ted, indicando que o Viagra poderia ajudá-lo, foi que sua incapacidade de atingir uma ereção firme veio antes da perda de libido.

Como vimos, então, o Viagra pode de fato ajudar alguns homens com o desejo sexual reduzido ao fazer com que sejam restauradas sua capacidade sexual. Mas há muitas situações em que um homem perdeu o desejo e o Viagra acaba não sendo a solução, como veremos nas histórias a seguir.

UM MÁ REAÇÃO

Martin era um homem solteiro de 35 anos de Israel que veio me procurar por causa de problemas com ereções. Minha secretária me prevenira de que Martin talvez fosse alguém difícil de lidar, baseada em seu jeito ríspido no telefone e quando chegou ao consultório. Martin possuía uma empresa de software e parecia ter se dado bem na vida. Usava roupas da moda e gel no cabelo.

Martin me disse que nos últimos nove meses suas ereções estavam sendo, quando muito, adequadas. Nesse mesmo período, ele começara a ter um relacionamento com uma americana, Cleo, de 33 anos.

"Doutor, meu pênis não está funcionando apropriadamente. Eu realmente preciso da sua ajuda."

"Conte-me o que acontece quando você tenta fazer sexo", pedi a ele.

"Acabei de lhe dizer", ele respondeu. "Meu pênis não está funcionando direito."

"O pênis fica firme o suficiente para a penetração?", perguntei.

"Sim. Mas não muito firme. E esse é o problema."

"Ele permanece firme até o orgasmo?"

"Normalmente, mas não sempre."

"E quando você se masturba? O pênis fica mais firme?"

"Às vezes sim, às vezes não."

"Você experimentou o Viagra?"

"Sim, claro. Tentei tanto a dose menor, de 50 miligramas, quanto a maior, de 100 miligramas. A de 100 miligramas pareceu ajudar um pouco."

Fiz o exame clínico preliminar, que teve resultados inteiramente normais, e disse a Martin que precisaríamos de alguns exames para ver como o pênis dele estava funcionando e tentar descobrir o problema. Uma semana depois, Martin voltou para a consulta seguinte.

"Martin, fico contente em lhe informar que tudo se revelou em ordem. Seus exames de sangue, dos nervos, a pressão arterial em seu pênis: tudo está normal. Ainda mais importante é que o exame noturno que você fez mostrou que obtém excelentes ereções quando dorme." Mostrei-lhe o gráfico impresso de seu exame noturno, revelando várias ereções por noite, com rigidez de 95%, algumas das quais durando até 45 minutos.

Eram boas notícias, claro, mas Martin não pareceu satisfeito nem aliviado.

"Não entendo", ele disse. "Você está me dizendo que tudo está bem, mas eu estou lhe dizendo que não. Você não acredita em mim!" Havia um tom de desafio na voz dele.

"Claro que acredito em você", assegurei-lhe. "Só estou lhe dizendo que, quando você está dormindo e não percebe que está tendo uma ereção, seu pênis é capaz de ficar bastante firme."

"Ah, então você acha que é tudo coisa da minha cabeça", ele disse, se endireitando na cadeira.

"Não diria exatamente isso", retruquei. "Certamente não quero sugerir que há algo de errado com você emocional ou mentalmente. Mas às vezes o pênis não funciona apropriadamente porque o cérebro não está deixando que isso aconteça. Pode ser por causa de nervosismo, ou depressão, ou problemas de relacionamento. Às vezes nem chegamos a identificar o que aconteceu no começo do problema, mas depois disso o homem fica tão ansioso quanto a se seu pênis vai funcionar adequadamente que os vasos sanguíneos no pênis não permitem que a ereção ocorra. O pênis funciona melhor quando o homem está com vontade de fazer sexo."

"O.k.", ele disse. "Digamos que seus exames estejam corretos. Como você vai tratar de mim?"

"Há várias maneiras diferentes de agir nesse ponto. Alguns homens se sentem encorajados só por saber que não há nada fisicamente errado, e não precisam de mais nada. Alguns optam por tomar o Viagra por um tempo. Outros ainda fazem melhor procurando um terapeuta ou um psicólogo, seja sozinho, seja com a parceira, para explorar modos de tornar o sexo mais satisfatório e prazeroso."

"Um psicólogo!", Martin gritou. "Não estou maluco! Não tenho por que ir a um psicólogo!"

Nesse momento o telefone no consultório tocou, e minha secretária me informou que Cleo acabara de chegar, atrasada para a consulta, e queria se juntar a nós. Martin fez que sim com a cabeça, e um instante depois Cleo entrou na sala.

UMA GRANDE SURPRESA

Cleo foi direto ao assunto, nem se dando ao trabalho de se desculpar por estar atrasada ou por interromper a conversa entre Martin e eu.

"Então, o que há de errado com Marty?", ela perguntou. Pareceu-me que Martin havia encolhido na cadeira quando Cleo se juntou a nós.

"Eu acabei de dar a Martin a boa notícia de que seus exames mostram que não há nada de fisicamente errado com ele."

"Isso é impossível", ela disse bruscamente. "As ereções do Martin são moles demais. Não me importa o que seus exames mostram! Definitivamente há algo errado com ele!"

"Martin já me disse que o pênis dele não fica duro como deveria quando vocês dois estão juntos, mas os exames mostram que, quando Martin está dormindo, o pênis dele é capaz de obter rigidez excelente. Essas ereções ocorrem durante sonhos e, como o homem não percebe que seu pênis está ereto, não pode ficar nervoso quanto a elas. Não é assim tão incomum que um homem com um pênis normal tenha dificuldades com ereções quando tenta fazer sexo. Em geral tem a ver com estar nervoso ou constrangido."

Cleo não pareceu convencida. "Digamos que você esteja certo", ela disse, ecoando a resposta anterior de Martin. "O que fazemos com isso?"

"Martin disse que houve alguma melhora com o Viagra, e eu recomendo que ele continue a usá-lo por alguns meses. Com freqüência, os homens têm melhoras quando fazem exames e ficam sabendo que não há nada de errado com seu equipamento." Fiz uma pausa, esperando evitar outra explosão como a que ocorrera com Martin antes da entrada de Cleo. "Outra opção é procurar terapia, que costuma ser altamente bem-sucedida em casos como esse."

Cleo deu um olhar de desgosto tanto para mim quanto para Martin, que estava quieto, encolhido na cadeira.

"O que você está dizendo? Que história é essa de Martin ter tido 'alguma melhora' com o Viagra? Marty e eu estamos juntos há nove meses, e nós nunca realmente fizemos sexo!"

Fiquei sem saber o que dizer. Teria entendido errado quando ouvira Martin dizer que o Viagra o ajudara? Por um momento, até me perguntei se estava com o paciente ou a ficha errada.

"O que você quer dizer?", perguntei.

"É simples. Martin nunca conseguiu pôr seu pênis dentro de mim. Nós trocamos outras carícias, mas nunca fizemos sexo de verdade."

"Martin, o que você tem a dizer?", perguntei.

"É verdade, acho", Martin disse, resignadamente. "Tecnicamente nunca tivemos uma relação sexual bem-sucedida, embora tenhamos chegado perto em várias ocasiões."

"Tecnicamente?", Cleo disse, derrisoriamente. "Nunca fizemos sexo. Por que você simplesmente não diz isso? Seu pênis não fica duro."

Martin se encolheu ainda mais.

"Martin, não entendo", eu disse, calmamente. Não queria expor demais Martin, mas precisava saber a verdade se quisesse estar em condição de poder ajudá-los. "Se vocês nunca fizeram sexo, por que você me disse que o pênis fica duro o suficiente para a penetração?"

"Meu pênis *fica* duro o suficiente para isso às vezes", ele respondeu. "Tenho certeza disso. Só que ainda não aconteceu. Com freqüência, estou firme até o momento de penetrar, e então ele fica mole."

Cleo voltou sua atenção para mim. "Suponho que Martin também não lhe contou o resto da história."

"O resto da história?", perguntei. Marty parecia querer fugir da sala.

"Marty é virgem. Ele nunca fez sexo com *ninguém*."

Martin assentiu com um sorriso envergonhado para confirmar.

Cleo continuou. "Eu? Conheci alguns homens. O suficiente para poder dizer quando um pênis funciona ou não." Ela fez uma pausa, como que satisfeita de ter deixado as coisas claras. "É por isso que preciso que você ajude Marty. Mesmo se eu e ele não dermos certo, e não sei se tenho paciência para ver onde isso vai dar, vai ser importante para ele ser capaz de satisfazer uma mulher algum dia."

"E há mais uma coisa que você precisa saber", Cleo acrescentou. "Acho que há algo de errado com o impulso sexual dele. Ele não parece interessado em sexo do jeito que um homem deve ser. Nunca tentamos nada juntos, a não ser que seja eu quem comece, e não sei nem se alguma vez ele tentou se masturbar."

Martin enrubesceu. Eu não sabia se era por causa de constrangimento com a franqueza de Cleo ou com a crítica dela a sua falta de desejo.

Martin estava numa situação difícil, e eu senti pena dele. Por causa de sua confiança exterior e de sua boa aparência, nem me ocorrera que ele poderia ser virgem. No entanto, Cleo não era fácil de lidar, e não ia ser fácil Martin superar seus obstáculos sexuais com ela. Martin precisava de algum apoio emocional e, se era para ele fazer as coisas funcionarem sexualmente com Cleo, eu tinha certeza de que eles precisariam de terapia.

"O.k.", eu disse. "Fico contente de termos esclarecido as coisas. Concordo com você, Cleo, que o fato de Martin nunca ter feito sexo aumenta a delicadeza da situação. Muitos homens têm problemas na primeira vez."

"Sim", Cleo interrompeu de novo, "mas, doutor, não é que não tenhamos tentado. Comprei todos os livros. Aluguei vídeos pornôs. Até tentei fazer sexo oral nele. Por que o Viagra não funcionou com ele? Não passa de uma fraude?"

"Não, o Viagra não é uma fraude. Mas às vezes os problemas num relacionamento sexual são muito complicados para o Viagra. Sei que Martin se opõe a isso, mas realmente acho que a melhor coisa para vocês é procurar um de meus colegas que são especializados em discutir os problemas sexuais de casais."

"Um psicólogo, você quer dizer?", Cleo perguntou. Martin deu a ela um cauteloso olhar de relance para ver qual era sua reação. "Olhe, Marty pode ir, se quiser. Mas eu não vou. Isso é problema do Martin, não meu." Cleo se levantou de repente. "Tenho outra reunião para ir. Vamos, Marty, vamos embora."

Martin se levantou lentamente para seguir Cleo até a porta. "Doutor, vamos resolver isso", Cleo disse. "Ou talvez não. Realmente não sei." E com isso abriu a porta e saiu.

Martin parou para apertar minha mão, dizendo "obrigado" enquanto a seguia na sala de espera.

A SOLUÇÃO SEM VIAGRA

Fiquei com uma sensação de vazio, de frustração ao vê-los partir. Com certeza não sentia que contribuíra com nada de útil nem para Martin nem para Cleo.

Alguns meses depois, encontrei com Martin esperando o elevador na academia que freqüento.

"Oi, Martin", eu disse. "Como vão as coisas?"

"Ótimas, doutor. Ótimas." Ele sorriu quando entramos no elevador. Ficamos ambos no mesmo andar, e ele esperou os outros se dispersarem antes de continuar. "Cleo e eu rompemos. Tenho uma nova namorada agora. E adivinhe só..." Ele olhou em volta para ter certeza de que não havia ninguém que pudesse ouvir. "Não sou mais virgem! E essa namorada acha que sou um *sexaholic* porque fazemos sexo demais!"

Relacionamentos se formam por todos os tipos de razão, mas nem todos os relacionamentos são bons para as pessoas envolvidas. Era fácil ver que Martin estava esmagado por Cleo, em particular no sexo, a área em que se sentia mais vulnerável. Presumivelmente, tanto Martin quanto Cleo se beneficiavam de algum modo de seu relacionamento, mas ficou claro para mim após minhas breves conversas com eles que era improvável que Martin encontrasse com Cleo um jeito de se sentir seguro o suficiente para ser bem-sucedido sexualmente. Nenhuma surpresa havia em que ele tivesse tão pouco desejo sexual! Martin poderia ter tomado Viagra todo dia por vinte anos e seu impulso sexual nunca se estabeleceria de vez enquanto Cleo fosse sua parceira. Do que ele precisava era de um novo tipo de relacionamento.

DEPRESSÃO E DESEJO

Às vezes a falta de desejo não tem nada a ver com hormônios, ou medicamentos, ou questões quanto ao relacionamento, ou problemas com ereções. Às vezes tem apenas a ver com o indivíduo e como ele ou ela estão indo na vida. É difícil sentir-se sexy quando seu chefe está no seu pé, ou quando seus sogros resolvem compartilhar seu apertado apartamento. Como gosto de dizer a meus alunos de medicina de Harvard, a mente é o maior órgão sexual do corpo. E, se a mente está estressada, sobra pouco espaço para o desejo.

Quinn era um encanador de 52 anos que se consultara comigo algumas vezes durante muitos anos por uma variedade de problemas menores. Desta vez, ele me disse que estava preocupado porque não mais sentia o mesmo impulso sexual que antes. Mencionara isso a um amigão, que dissera a ele para procurar um médico, porque "isso não lhe parecia estar certo".

Eu sabia que Quinn era um homem maravilhoso que tivera mais do que a porção habitual de cuidado com os outros na vida. Três anos antes, sua filha, aos 16 anos, tivera um filho, e Quinn e sua mulher assumiram os deveres da paternidade com o bebê enquanto a filha tentava se virar na vida, trabalhando no turno da noite numa padaria. Quando Quinn e eu apertamos as mãos, tive a impressão de que ele perdera peso desde sua última consulta.

"Conte-me o que o está incomodando, Quinn."

"É como se toda a sensação sexual tivesse abandonado meu corpo", ele respondeu. "Katherine e eu estamos casados há mais de 25 anos, como você sabe, e tínhamos uma boa vida sexual juntos. Mesmo quando a vida estava mais para picles do que para sanduíche de presunto, sempre mantínhamos nosso tempo juntos, regularmente. Mas agora eu simplesmente não tenho mais interesse nisso." Quinn fez uma pausa, procurando as palavras certas. "É como se uma parte de mim tivesse morrido."

"Parece também que você perdeu peso", eu comentei.

"Tem razão", ele respondeu. "Dez quilos nos últimos três meses, e continuo perdendo. Simplesmente não tenho fome. E não é só isso, não consigo dormir também. É um mistério como ainda não fiz bobagem no serviço. Mas não foi por isso que o procurei, doutor. Queria saber se você acha que o Viagra pode ajudar no desejo sexual."

"Quinn, já, já falo com você sobre sexo e Viagra, mas agora estou preocupado com sua perda de peso e a dificuldade que está tendo para dormir. Há alguma coisa acontecendo na sua vida ultimamente que o está perturbando?", perguntei.

Ele olhou diretamente para mim, sem falar e, enquanto eu o observava, seus olhos se encheram de lágrimas. Os ombros de Quinn se erguiam enquanto ele lutava contra os soluços que tomaram seu corpo. "Katherine está com câncer", ele disse num sussurro. Quinn afundou a face nas palmas das mãos. Ofereci-lhe um lenço de papel, mas ele balançou a cabeça e pegou seu próprio lenço de pano. "No cólon. O resultado da cirurgia foi excelente, e os médicos dizem que ela tem uma boa chance com quimioterapia..." Quinn se interrompeu de novo, e então assoou o nariz e se recompôs. "Mas realmente não sei como eu faria sem ela. Como vou poder trabalhar e ainda cuidar de minha netinha?"

Quinn estava claramente abalado e deprimido. Ele precisava de apoio e tratamento para a depressão, não de Viagra. Embora Quinn tenha sido capaz de reconhecer que estava deprimido quando discuti isso com ele, teve pouca capacidade de ver que sua depressão poderia ter lhe roubado seu desejo sexual.

"Por que eu deveria perder meu desejo?", argumentou. "É Katherine que está com câncer, não eu. Ela ainda é bonita, e diz que se sentiria um pouco mais normal se fizéssemos sexo de vez em quando. Ela receia que eu não queira tocá-la por causa de sua cicatriz ou por estar com pena dela, mas não é nada disso. É só que eu me sinto morto aqui embaixo."

Quinn concordou em procurar um psicoterapeuta, que tratou com sucesso a depressão dele usando medicamentos. Fico feliz em informar que Katherine se recuperou completamente depois da quimioterapia, sem nenhuma reincidência nos três anos seguintes ao primeiro diagnóstico.

O que me surpreendeu na história de Quinn foi quão pouco ele estava disposto a admitir os efeitos da depressão e do estresse da vida em seu desejo sexual. Não foi nenhuma surpresa que, quando tanto Quinn quanto Katherine se recuperaram de seus problemas médicos, a vida sexual deles também tenha voltado ao normal.

A depressão afeta milhões de homens e mulheres, e com uma ampla gama de sintomas e gravidade. Na forma mais branda, um homem ou uma mulher podem apenas sentir menos vitalidade na vida, enquanto no outro extremo do espectro os indivíduos afetados podem sentir tanta dor física e tanto desespero que se tornam suicidas em potencial. A depressão deve ser sempre considerada uma possibilidade quando um homem ou uma mulher notam uma perda persistente e dramática de desejo sexual.

VIAGRA E TESTOSTERONA

Uma das razões mais comuns para a perda do desejo sexual, tanto para homens *quanto para* mulheres, são os baixos níveis de testosterona. Se isso ocorre, o Viagra pode não ser útil, já que não age no problema subjacente. Isso pode ser ilustrado por Melvin e Sheila na história seguinte.

Melvin tinha 64 anos e era paciente meu havia quase dez anos por causa de sintomas de uma próstata dilatada. Ele sempre vinha sozinho e nunca deixava de me contar uma piada antes de ir embora. Quando entrei no consultório desta vez, fiquei um pouco surpreso de que ele estivesse acompanhado por sua mulher, Sheila, também com 64 anos. Ambos estavam em boa forma, jogavam tênis e golfe habitualmente e freqüentavam a roda do clube de campo.

"Olá, doutor", Melvin me cumprimentou. "Em vez de uma piada, desta vez eu trouxe minha mulher", disse com um amplo sorriso. "Querida", ele disse, voltando-se para ela, "você sabe que eu não quis dizer que *você* é uma piada", e fingiu preocupação. Sheila estava acostumada ao senso de humor de Melvin.

"Olá, doutor", ela disse. "Espero que você não se incomode de eu ter vindo também hoje. Achei que poderia ser útil se também viesse."

"De forma alguma", respondi. "É um prazer vê-la. Em que posso ajudar vocês hoje?"

"Doutor, não era para eu vir vê-lo até daqui a seis meses", Melvin disse, "mas Sheila acha que estou com um problema. Foi ela quem marcou essa consulta. Eu acho que estou bem. Então talvez seja a Sheila quem está com problema", ele disse, piscando para mim.

Eu tinha certeza de que se tratava de um problema sexual.

"Sheila, por que você não me conta o que a está preocupando", sugeri.

"Doutor, achei que seria uma boa idéia vir vê-lo porque nossa vida sexual praticamente desapareceu", Sheila explicou. "Mel fez um check-up com seu clínico-geral há alguns meses e estava tudo ótimo, e eu mencionei a mesma coisa para ele, mas a única coisa que ele disse foi: 'O que você queria, na idade do Mel?' Mas eu e Mel temos apenas 64 anos, e ainda estamos em forma e somos muito ativos. Não é que Mel não *consiga* fazer sexo, o problema é que ele nunca parece estar interessado."

Atrás dela, Mel estava fazendo caretas e se comportando no geral como se tivesse 7 anos, como se aquilo tudo não passasse de uma grande piada para ele.

"Entendo", respondi. "Mel, o que você tem a dizer sobre o assunto?"

"Não sei qual é o grande problema. Não é como se não fizéssemos sexo nunca. Sheila está apenas exagerando algo que não é nada. Ela sabe que ainda sou doidinho por ela."

Sheila olhou para o teto exasperada com as tentativas de Melvin de fazer humor juvenil com a situação. "Vem acontecendo há dois anos, doutor", ela acrescentou. "Tem sido uma coisa gradual. Costumávamos fazer sexo toda semana, mas agora pode passar até um mês ou dois, e então só acontece se eu insisto um pouco. Melvin costumava ficar atrás de mim o tempo todo. Mas agora não mais."

"Doutor", Melvin a interrompeu. "Por favor, apenas diga a ela que estou ficando velho, e podemos deixá-lo em paz. Sei que você tem um monte de pacientes esperando com problemas mais importantes do que este, e não devíamos ficar tomando seu tempo. Exceto por uma nova piada que tenho para lhe contar."

"Melvin, vamos falar sério só por um instante", respondi. "Você disse que ainda acha Sheila atraente. Mas você ainda tem o desejo por sexo que costumava ter? Você sabe, aquele apetite interno que tinha antes?"

"Não como antes, doutor, não."

"Como tem estado seu nível de energia?"

"Bom. Não consigo jogar tênis mais tanto tempo como fazia uns dois anos atrás, mas ainda seguro a onda jogando com gente mais jovem."

"Você tem achado que se cansa mais facilmente, talvez sentindo necessidade de uma soneca à tarde?"

"Curioso você ter mencionado isso, doutor. Eu estava dizendo outro dia a Sheila como em toda vez que eu passo pela sala ouço o sofá falando comigo. Quer saber o que o sofá me diz?"

"Claro, Melvin", respondi, entrando na brincadeira. "O que o sofá lhe diz?"

"Ele diz..." E aqui Melvin adotou uma voz assustadora como se estivesse num filme B de terror. "Venha até a mim, Melvin. Venha até a mim e deite-se." Melvin voltou a sua voz normal: "Tenho tirado uma soneca todo dia agora. Às vezes duas. Nunca fizera isso antes".

"Fale mais sobre como tem sido quando você faz sexo agora", pedi.

"As ereções estão o.k. Mas dá mais trabalho ter um orgasmo agora do que antes. E não é mais como se a terra estivesse se movendo. É mais um murmúrio do que uma explosão."

"Sheila", eu disse, dirigindo-me a ela, "há alguma coisa que você gostaria de acrescentar?"

"Sim, doutor. Eu acho que Mel está um pouco deprimido, para falar a verdade. Sei que é difícil dizer, porque ele faz piada de tudo, mas ele não tem o mesmo brilho que tinha antes." Ela fez uma pausa e então pareceu tomar a decisão de acrescentar mais uma coisa. "Tem sido difícil para mim, doutor. Primeiro fiquei preocupada de Mel não mais me achar atraente, e isso me chateou. Nossos filhos ficariam escandalizados ao me ouvir dizer isso, mas sempre gostei de sexo. E sempre gostei de me sentir atraente. Estou convencida agora de que isso tem mais a ver com Melvin do que comigo. Ele simplesmente não tem mais o mesmo ânimo. Nosso médico deu algumas amostras de Viagra e disse: 'Vamos ver se isso o anima', mas não mudou nada."

UMA EREÇÃO EM BUSCA DO DESEJO

Sheila saiu para que eu pudesse examinar Melvin, e eu aproveitei a oportunidade de ficar sozinho com ele para fazer mais algumas perguntas.

"Mel, o que você notou quando tomou o Viagra?", perguntei.

"Foi a coisa mais estranha, doutor. Ficou mais fácil de ter uma ereção, e isso foi ótimo. Mas lá estava eu no meio da relação sexual e me pareceu a coisa mais esquisita do mundo estar fazendo o que eu estava fazendo. Quer dizer, todos os gemidos e grunhidos, aquele suor, a coisa toda. Eu quase explodi numa gargalhada porque tudo o que conseguia pensar é que passei minha vida toda atrás de rabos-de-saia, e depois tentando convencer Sheila a fazer sexo comigo quando casamos, e eu não conseguia entender por que gastara todo esse tempo e energia por uma atividade tão ridícula."

Sheila voltou à sala, e eu disse o que achava. "Melvin tem os sintomas clássicos de baixo nível de testosterona", expliquei. "Isso é comum quando o homem envelhece, e o principal sintoma é a redução da libido, ou do impulso sexual. Melvin tem vários outros sintomas de falta de testosterona, como menos energia e possivelmente uma depressão leve. Precisamos confirmar o diagnóstico com exames de sangue, mas, se eu estiver certo, acho que há excelentes chances de que, com o tratamento, o interesse de Melvin em sexo retorne. E, ainda mais importante, Melvin vai se sentir mais vigoroso em geral."

Sem dúvida, os exames de sangue confirmaram o diagnóstico de baixo nível de testosterona, e Melvin iniciou o tratamento. Melvin e Sheila voltaram ao consultório um mês depois.

"Como você está, Melvin?", perguntei.

"Doutor, a melhor maneira de explicar é a seguinte. Lembra que eu disse que o sofá me chamava toda vez em que eu passava pela sala? Bom, o sofá não me chama mais. Estou com mais energia, e meu jogo de tênis atingiu um novo nível. Sinto-me como se tivesse 25 anos de novo!", ele disse, radiante.

"E quanto ao sexo?", perguntei, esperando uma resposta de ambos.

"Ah, isso!", Melvin exclamou. "Voltamos ao normal agora. Tudo voltou ao normal, certo, Sheila?"

"Tudo realmente voltou ao normal, doutor", Sheila confirmou. "Melvin voltou a me perseguir pela casa, e não é só para me contar uma piada nova, embora ainda faça isso também! Estamos muito satisfeitos. De fato, até me perguntei se eu mesma não precisava de um pouco de testosterona."

"Se você estiver falando sério, Sheila, é só ir atrás", repliquei. "Algumas mulheres com baixo nível de testosterona também se beneficiam de um tratamento de reposição." Sheila balançou a cabeça e sorriu, indicando que não estava interessada.

"Doutor", Melvin disse, "por que o Viagra não funcionou comigo? Achei que era uma droga milagrosa."

"O Viagra é um tratamento efetivo para ajudar homens cujo fluxo de sangue para o pênis é ruim, mas não tem efeito direto no cérebro, que controla o desejo", expliquei. "Mas a testosterona é um hormônio que age diretamente no cérebro, onde ajuda a controlar pensamentos e emoções sobre sexo, especialmente o desejo."

Foi a vez de Sheila: "Mel, conte ao doutor sua boa notícia".

Melvin estava radiante. "...adivinhe só?", desafiou-me.

"O quê?", entrei no jogo, como sempre.

"Arranjei de fazer uma apresentação de comédia em nosso clube de campo no mês que vem." Melvin parecia muito orgulhoso. "Sempre quis fazer isso, mas nunca tive o pique de ir até o fim. Sheila e eu ficaremos muito contentes se você for como nosso convidado."

TESTOSTERONA BAIXA E O ENVELHECIMENTO

Testosterona baixa é um tópico que está ganhando atenção mundo afora. Quando os homens envelhecem, os testículos produzem cada vez menos testosterona, e estima-se que aproximadamente um terço dos homens americanos tem níveis baixos por volta dos 60 anos. O sintoma clássico é a redução no desejo sexual, mas há também outros, tais como redução de energia e vitalidade, ânimo deprimido, ereções fracas, e massa e força muscular reduzidas.

Há novos indícios de que homens com testosterona baixa também correm risco de ter osteoporose, da mesma forma que mulheres com baixos níveis de estrogênio. O tratamento pode melhorar todos esses sintomas e consiste em aplicações diárias de gel na pele, ou em usar um adesivo de reposição diária, ou em receber injeções nas nádegas com várias semanas entre uma e outra quando o tratamento pela pele não funciona. Há algumas pílulas de testosterona disponíveis, mas não são muito usadas porque são menos eficazes, e as aprovadas para uso nos Estados Unidos têm todas, infelizmente, um elevado grau de toxicidade para o fígado.

Como muitos dos sintomas da testosterona baixa mimetizam os do envelhecimento normal e como ela é muito comum, há quem na profissão médica diga: "Isso é simplesmente uma parte do processo normal de envelhecimento, e não devemos interferir". Mas há muitos outros aspectos do envelhecimento normal que interferem consideravelmente na qualidade de vida e são tratáveis. Doenças cardíacas estão associadas ao envelhecimento, como também artrite, visão fraca e perda de audição. Pessoalmente, fico contente em saber que dispomos de tratamento para esses aspectos normais do envelhecimento, e gostaria de ser tratado se desenvolver qualquer um deles.

A deficiência de testosterona não é diferente. O tratamento restaura os níveis à faixa normal e mostrou que não causa risco de nenhum problema médico significativo. Os homens precisam ser monitorados quanto a desenvolver espessamento do sangue e a qualquer mudança na próstata, já que há o risco teórico de estimular um câncer dormente, mas até agora os dados têm sido tranqüilizadores a esse respeito. Os homens que reagem ao tratamento sentem que sua qualidade de vida melhorou. Embora eu jamais vá afirmar que a testosterona é uma medicação antienvelhecimento, muitos homens de fato me dizem que o tratamento os fez se sentir anos mais novos. Há muitas razões para alguém querer se sentir vigoroso e sexual de novo!

APRENDENDO COM O VIAGRA

Em termos médicos, há uma lista curta de coisas que causam redução de desejo no homem: medicamentos, testosterona baixa e problemas psicológicos ou de relacionamento, por exemplo, conflitos conjugais e depressão. Juntos, esses três fatores respondem por aproximadamente 90% dos casos. O Viagra não ajuda em nenhum desses casos, exceto se, como vimos, a diminuição do desejo tiver ocorrido como conseqüência da disfunção erétil.

Os medicamentos mais comuns que afetam o desejo são os antidepressivos. No entanto, há outros remédios que também podem fazer isso. Se um homem (ou uma mulher, aliás) percebe uma mudança em seu desejo sexual logo depois de começar a tomar um novo medicamento de qualquer tipo, ou depois de aumentar a dosagem de um medicamento, é possível que esteja experimentando um efeito colateral desse medicamento. O melhor a fazer no caso é avisar ao médico que receitou o remédio, para ver se há tratamentos alternativos que não prejudiquem a sexualidade.

Com freqüência me vejo confrontado com uma situação em que um homem nos 50 ou 60 anos se queixa de diminuição do desejo junto com disfunção erétil. Nessa faixa etária, é grande a chance de que ele possa ter tanto testosterona baixa quanto doença vascular afetando o pênis e causando ereções ruins. Se a testosterona baixa é confirmada, minha abordagem é tentar primeiro a testosterona, já que homens que reagem a ela com freqüência sentem que realizaram uma façanha: tudo está normal de novo, e não há necessidade de fazer nada especial para se preparar para o sexo, como há no caso do Viagra.

Se no retorno o homem diz que o desejo está forte de novo mas as ereções ainda estão inadequadas, farei então com que ele experimente o Viagra para as ereções. Se funcionar, muitos homens vão querer continuar também com a testosterona, já que ela os faz sentir-se melhor em outros aspectos.

Há também várias razões para um homem perder seu desejo sem que haja nada de errado em sua saúde. Como vimos no caso de Martin, isso pode se dever a uma incompatibilidade no relacionamento, ou depressão, ou simplesmente um embaraço ou inibições em relação ao sexo. O Viagra não trata de nada disso porque não age nos problemas subjacentes. Não é um tratamento para depressão, nem para testosterona baixa, nem para problemas de relacionamento, como os de Martin e Cleo. Devido à falta de sofisticação de muitos provedores de tratamento de saúde, muitos homens que se queixam de desejo fraco recebem receitas ou amostras de Viagra mesmo assim. Isso se origina diretamente do mito do Viagra, pois muitos homens e suas parceiras acreditam que ele é a solução para qualquer coisa que os aflija sexualmente.

A única situação em que o Viagra pode ser bastante eficaz para a diminuição do desejo é quando o problema de ereção ocorre antes e a parte do cérebro que organiza os pensamentos sexuais fica desligada por causa da idéia de voltar a uma situação frustrante e embaraçosa. Homens que passaram por isso podem ver sua excitação sexual voltar quando se sentem de novo capazes de ser sexuais com as ereções restauradas devido ao Viagra.

Para uma mulher, pode ser confuso ter de lidar com a perda do desejo de um homem. O estereótipo, afinal, é que os homens sempre querem e estão prontos para o sexo. Se um homem perde o interesse em sexo, ou nunca pareceu tê-lo, é difícil para sua parceira sexual não tomar isso pessoalmente como uma acusação contra sua possibilidade de ser atraente e sua capacidade de agradar sexualmente a seu homem.

Mas só muito raramente ocorre que o quanto uma mulher é atraente ou as suas habilidades na cama são responsáveis por uma mudança na libido de seu parceiro sexual. O mais comum é existirem problemas no relacionamento que se manifestam como frieza sexual. Alguns homens podem se desligar sexualmente se estão bravos com suas parceiras. Ou podem achar que suspender o sexo é a "punição" adequada para algum insulto real ou imaginado. Os homens tendem a pensar em termos um tanto dramáticos. "Nunca mais vou tocar nela!" é, infelizmente, uma reação masculina típica para uma variedade de situações.

Esclarecer a situação, perguntando: "Você está bravo comigo por alguma razão?" ou "Notei que não fazemos mais tanto amor quanto antes; há algo que o incomoda?", pode ser um meio útil de começar a resolver os conflitos e portanto restaurar a vida sexual. É improvável que tomar Viagra ajude nesses casos.

LIÇÕES

- Homens, e mulheres, têm uma ampla variação nos níveis de desejo sexual. Não há um nível de desejo "normal".
- O desejo varia com a idade e as circunstâncias. Estresse, cansaço, horário sobrecarregado, privação de sono (freqüente quando há crianças pequenas na casa!) podem reduzir a libido.
- Uma mudança nas circunstâncias pode acabar sendo a cura perfeita para homens com o desejo reduzido devido à "vida". Muitos casais descobrem uma agradável reserva de desejo sexual durante as férias, quando estão longe do estresse do trabalho e da vida cotidiana.
- A diminuição do desejo pode resultar de problemas de relacionamento ou pessoais, depressão, níveis baixos de testosterona ou pode ser um efeito colateral de certos remédios. O Viagra é um tratamento ineficaz em todos esses casos.
- A única circunstância em que o Viagra pode restaurar o desejo é quando a diminuição da libido é resultado de uma disfunção erétil. Permitir a um homem voltar a ser sexual por meio da melhora de sua ereção pode também restaurar o desejo.
- Homens de 50 anos ou mais que perceberam redução ou ausência do desejo devem considerar a possibilidade de estar com testosterona baixa, especialmente se têm também sintomas de redução de vitalidade e de energia e maior dificuldade de chegar ao orgasmo. A testosterona baixa pode ser diagnosticada com um simples exame de sangue e é fácil de tratar.
- Mulheres têm uma tendência compreensível a ver a falta de desejo de um homem como uma indicação de que há algo errado em sua aparência ou no modo como agem sexualmente. No entanto, pode haver problemas de relacionamento que se manifestam por uma falta de desejo por parte de um parceiro ou do outro. Resolver os problemas subjacentes normalmente restaurará o interesse sexual. A maneira mais simples de resolver problemas é conversar sobre eles.

CAPÍTULO 5

VIAGRA E EJACULAÇÃO PRECOCE

A EJACULAÇÃO PRECOCE é um dos problemas sexuais mais incômodos para os homens e suas parceiras. Homens que vivenciam a ejaculação precoce se preocupam constantemente com ser um fracasso para fazer amor e, portanto, parceiros sexuais inadequados. Isso afeta sua auto-estima e a percepção de sua sexualidade e de quanto são atraentes, e pode interferir em sua disposição para se envolver em relacionamentos íntimos e amorosos.

Em um relacionamento já existente, a ejaculação precoce pode criar uma tensão considerável ao tornar o contato sexual um evento constrangedor tanto para o homem quanto para a mulher. Elas também sofrem quando a ejaculação precoce ocorre, pois isto causa um curto-circuito na experiência sexual, deixando-as frustradas e sem saber como lidar com o embaraço de seu parceiro.

Não é incomum que um homem me diga que receia que sua parceira vá deixá-lo se eu não conseguir ajudá-lo a resolver seu problema de ejaculação rápida. "Minha esposa é uma mulher atraente, doutor, e sei que, se eu não conseguir fazer nada melhor para satisfazê-la, ela vai procurar em outro lugar." Tristemente, esses homens se sentem tão mal consigo mesmos que também acrescentam este arremate: "Não posso dizer que não faria o mesmo".

Como o Viagra tomou conta de nossa imaginação como a solução para todos os problemas sexuais, tornou-se também uma fonte de esperança para homens desanimados com sua falta de controle da ejaculação. O brilhante comediante Robin Williams faz um cena hilariante em seu show da Broadway na qual um homem toma Viagra e faz um estrago sexual com sua ereção que nunca termina, tendo finalmente o mais esfuziante orgasmo de sua vida várias horas depois. Isso também faz parte do mito do Viagra.

Volta e meia, tenho tido a seguinte conversa em meu consultório com homens com problemas: "Doutor, ouvi dizer que o Viagra pode resolver o problema da minha ejaculação precoce", eles dizem. "Você poderia receitá-lo para mim?"

O VIAGRA NÃO TEM EFEITO DIRETO NA EJACULAÇÃO

Infelizmente, como explico para todo homem com ejaculação precoce, o Viagra não tem efeito direto na ejaculação. O impacto do Viagra é bem especificamente nos vasos sanguíneos do pênis, permitindo um fluxo de sangue maior e mantendo-o lá para aumentar a ereção. A ejaculação, que é a expulsão do sêmen, e o orgasmo, que é a experiência no cérebro e no corpo de toda a sensação de prazer que acontece com a ejaculação, têm mais a ver com nervos e contrações musculares.

Ainda assim, é simplista dizer que o Viagra não pode ajudar homens com ejaculação precoce. Em alguns casos ele ajuda, ao permitir ao homem uma segunda ereção após a ejaculação, e possivelmente até uma terceira, tornando assim possível um contato sexual mais prolongado após o primeiro episódio, que foi breve demais. Como usualmente é necessária uma estimulação consideravelmente maior para que ocorra uma ejaculação na segunda e na terceira ereções, o Viagra pode de fato revelar-se útil desse modo.

Além disso, em alguns casos em que a ejaculação precoce tornouse parte de um círculo vicioso que surgiu inicialmente devido à ansiedade sexual, o Viagra pode fornecer a confiança necessária para romper o círculo e desse modo restaurar a capacidade do homem de controlar o momento de seu orgasmo. Então, embora não tenha um efeito direto no processo de ejaculação, o Viagra pode ser benéfico para alguns homens com ejaculação precoce.

Ainda assim, para a maioria dos homens, o Viagra não é a cura mágica para a ejaculação precoce. Por mais que nossa inclinação cultural seja olhar primeiro no armário de remédios, a solução para nossos problemas mais vexatórios na vida não pode ser encontrada nele. O Viagra não pode desfazer o treinamento comportamental que resulta em muitos casos de ejaculação precoce, e não pode resolver a ansiedade sexual ou os problemas de relacionamento que provocam tantos outros. Como conseqüência, o Viagra muitas vezes é um tratamento ineficaz para a ejaculação precoce. Se ele vai funcionar ou não, depende principalmente das circunstâncias, como veremos nas páginas seguintes.

O IMPACTO EMOCIONAL DA EJACULAÇÃO PRECOCE

A ejaculação precoce pode ser motivo de constrangimento e confusão para ambos os parceiros.

Eloise, uma mãe divorciada com dois filhos, contou uma experiência com um parceiro antigo. "Eu era jovem e não tinha muita experiência sexual quando aconteceu. Estava ajudando Carl, um bom amigo, a arrumar sua casa após uma festa e fiquei depois que os outros saíram, e logo ultrapassamos os limites da amizade. Começamos a fazer amor, mas, antes mesmo de me penetrar, ele ejaculou. Ele se levantou da cama sem dizer uma palavra e foi para o banheiro. Ao sair, estava vestido de novo. Eu não sabia o que dizer ou fazer. Senti-me horrível, porque parecia que a culpa era minha, como se eu tivesse feito algo errado. Foi tão embaraçoso que eu me vesti e fui embora. Nunca mais nos vimos direito depois disso, e eu me culpei por muito tempo."

Sigmund descreve o impacto de um ponto de vista masculino. "Tenho 64 anos agora, e enfrentei um problema de ejaculação precoce durante a vida toda. É como um grande segredo sombrio que carrego comigo. Sempre fui capaz de atrair as mulheres, mas quanto ao sexo fico terrivelmente ansioso porque sei que vou decepcioná-las. Então eu uso meus truques usuais para encantá-las e tudo ficar o.k. Mas, se elas se *mantêm* interessadas, sinto aversão por elas, porque elas devem querer mais do que posso lhes oferecer. É uma situação sem saída, eu sei. Tenho uma fantasia de que, se eu encontrar a mulher certa e nós nos afinarmos sexualmente, o sexo será maravilhoso, e poderá durar a noite toda, como nos filmes. Mas nunca acontece, e acho que é por isso que nunca fui capaz de ser fiel e meu primeiro casamento desmoronou."

Existe um dito no campo da sexualidade humana de que todo homem deseja se ver como o maior amante do mundo. Mas como um homem pode se considerar um bom amante, muito menos um amante excelente, se o jogo termina antes mesmo de ter começado? Katie, uma jovem ciosa de sua atitude, lembrou com repulsa de um namorado um pouco mais velho que ejaculou quando estavam só dando uns amassos no carro, sujando a calça. "Leve-me para casa", ela disse, como se ele tivesse mostrado sua inadequação tão pateticamente que ela não via a hora de se livrar dele. "Que fracassado!", ela exclamou.

SEXUALIDADE MASCULINA EMERGENTE

Várias fontes designaram historicamente a adolescência, especialmente a idade em torno dos 16 anos, como o pico da sexualidade masculina, enquanto da feminina se diz que o pico seria por volta dos 30 anos. E no entanto qualquer mulher que teve oportunidade de fazer sexo com um adolescente, e mais tarde com um homem mais maduro, com certeza rirá dessa estimativa científica.

A boa notícia para os homens mais jovens é que sua ereção tende a ser 100% firme sempre que estão um pouco excitados, e que têm a capacidade de ereções e orgasmos repetidos durante um período curto de tempo. A má notícia, no entanto, é que, além da simples inexperiência, a ejaculação precipitada é muito comum.

Já se tornou um clichê para qualquer filme sobre o rito de passagem do surgimento da sexualidade masculina conter alguma cena de constrangimento com a ejaculação precoce. No popular filme mexicano *E sua mãe também*, dois adolescentes põem em prática sua fantasia de fazer sexo com uma mulher mais velha, que no fim pune ambos com um acesso de fúria por eles terem chegado ao clímax tão rápido. "Mas o que eu estava pensando", a mulher se pergunta em voz alta, "ao levar para a cama dois bebês desse jeito?".

Uma vantagem sexual do avançar da idade para muitos homens é que o orgasmo requer maior estimulação, permitindo-lhes ter maior controle sobre o momento de sua ejaculação. Homens maduros que podem ter tido experiências similares às descritas nesses filmes adolescentes podem olhar para trás com certa perplexidade. E no entanto para alguns homens esse problema nunca acaba. Em outros casos, ele pode surgir como um problema completamente novo que abala sua identidade sexual.

O ORGULHO DE UM LEÃO

Embora alguns homens se perguntem se seu problema de ejaculação precoce representa um sério problema físico, a questão é na realidade mais social do que médica. Um de meus documentários favoritos sobre natureza na televisão mostra o que ocorre quando um novo leão dominante estabelece seu primado. Durante um período de aproximadamente 24 horas, ele copula com todas as fêmeas do grupo, o que significa que ele tem entre quinze e vinte encontros sexuais nesse período de tempo. Parece muito sexo, mas, como a câmera mostra, cada cópula não dura mais que alguns segundos. No entanto, é de se duvidar que alguma das leoas vá ridicularizar o macho dominante por causa da curta duração da cópula!

Há muitas diferenças entre seres humanos e leões, claro, e uma delas com certeza é como os seres humanos aprenderam a separar a sexualidade da reprodução. Quando a maioria dos animais copula, há uma chance excelente de que o resultado seja a fêmea ficar prenhe. Por meio de nossa invenção de uma variedade de métodos anticoncepcionais ou simplesmente pela compreensão do ciclo menstrual, os seres humanos podem escolher copular com o objetivo de reprodução ou simplesmente por prazer. É fácil calcular que aproximadamente 99% das relações sexuais humanas neste país ocorrem simplesmente pelo prazer de fazer sexo.

O aspecto negativo da ejaculação precoce é sua implicação sexual: ela limita a duração da relação sexual entre homem e mulher. Na verdade, ela afeta mais a mulher do que o homem, porque, por definição, este já teve seu clímax. Surpreendentemente, a ejaculação rápida nem sempre é um problema. O prazer sexual e a auto-estima dependem muitíssimo das circunstâncias e das expectativas. O que pode ser "rápido demais" em algumas situações pode não ser rápido demais em outras. Vou explicar.

O MOVIMENTO FEMINISTA E A NOVA SEXUALIDADE

Num passado não muito distante, não se esperava que as mulheres gostassem de sexo. Sim, claro, havia setores mais esclarecidos em que homens e mulheres exploravam sua sexualidade e os parceiros procuravam proporcionar um ao outro uma experiência prazerosa. Mas a visão predominante na sociedade impunha enormes restrições à sexualidade feminina.

De fato, algumas das maiores conquistas do feminismo foram na arena sexual. Entre elas incluem-se obter controle de suas escolhas reprodutivas com o advento da pílula anticoncepcional, promover a percepção de sua própria anatomia e fisiologia com livros pioneiros como *Our bodies ourselves*, e a aceitação cultural do conceito de que as mulheres têm tanto direito ao prazer sexual quanto os homens.

Antes disso, esperava-se que as mulheres se mantivessem virgens até o casamento. De outro modo o sexo era um pecado mortal. Mesmo dentro do casamento, algumas religiões pregavam que o único propósito do sexo era fazer bebês. As meninas pequenas eram severamente repreendidas por brincar com sua genitália, bem mais que os meninos. "Isso é sujo, sujo, sujo", diziam a elas. Para fazer um bebê, o homem obviamente precisava de um orgasmo. Mas e quanto ao orgasmo da mulher? Não era necessário e não era coisa que ninguém devia se empenhar para ter.

É muito esclarecedor sobre nossas noções culturais e históricas de sexualidade saber que a ejaculação precoce era uma queixa muito raramente feita a médicos antes do advento do feminismo. Por quê? Naquela época, a sexualidade de uma mulher consistia em desempenhar seu "dever conjugal", o que significava que, como parte de seu contrato de casamento, ela devia se submeter ao sexo com seu marido. A expressão "submeter-se ao sexo" resume quão pouco se esperava que as mulheres gostassem da experiência.

Mas, se não havia a expectativa de uma mulher ter algum prazer durante o sexo, muito menos atingir o orgasmo, por que então alguém iria reclamar que o homem ejaculava rapidamente? De fato, poder-se-ia pensar que, quanto mais rápido a coisa terminasse, melhor era para ambos os parceiros. A ejaculação precoce só se tornou uma questão quando surgiu uma consciência, talvez até uma obrigação, de que o homem devia tentar proporcionar prazer a sua parceira e dar a ela ao menos uma chance viável de chegar ao orgasmo.

O CONTEXTO É TUDO

O que é rápido demais quando se trata da ejaculação? Duas investidas? Um minuto? Dois minutos? Cinco minutos? Quando pergunto a homens e mulheres no consultório quanto tempo acham que dura em média uma relação sexual depois que há a penetração, a maioria responde aproximadamente de quinze a vinte minutos. Na verdade, vários estudos mostraram que a duração da relação sexual dos seres humanos é em média de um minuto e meio!

Isso está muito aquém das cenas de sexo idealizadas nos filmes proibidos para menores ou nos vídeos eróticos. Os homens tendem a ficar enormemente aliviados ao saber dessa estatística. Ela muda a perspectiva de um homem que se sente totalmente inadequado porque dura apenas dois ou três minutos, o tempo todo acreditando que seus colegas passam horas rolando na cama com suas mulheres ou namoradas.

No entanto, quando se fala num orgasmo rápido, o contexto é tudo. Há muitas situações em que um orgasmo rápido é desejado tanto pelo homem *quanto* pela mulher. Casais mais jovens que ainda vivem com seus pais ou com companheiros de quarto podem não ter o luxo de um quarto de dormir próprio e uma noite inteira para exercer suas paixões. Uma rápida relação sexual no porão ou no carro pode ser exatamente o que ambos desejam e precisam, com a velocidade do evento sendo necessária para minimizar os riscos de serem descobertos ou reduzir a chance de ficar com câimbra devido às contorções necessárias para fazer sexo num carro compacto.

Mesmo em idade mais avançada, ainda há a excitação da "rapidinha", um episódio sexual breve e em geral espontâneo. A meta nesses casos é simplesmente o prazer de "dar uma", não a idéia do sexo romântico perfeito culminando num orgasmo simultâneo.

"Adoro quando Frank simplesmente me *agarra* e faz o que quer comigo", explicou Erica. "Ele fica com aquele olhar selvagem, levanta minha saia, ou simplesmente me joga na cama e puxa minha calça. Sem preliminares, nada. Em um minuto ele terminou, e daí volta ao que estava fazendo. Não me entenda errado. Eu não iria querer que isso fosse toda a nossa vida sexual, mas com certeza deixa nosso relacionamento mais picante. Nós dois ficamos o tempo todo sorrindo pelo resto do dia. Eu nunca tenho tempo de gozar quando ele faz isso, mas me deixa tão ávida por ele que em geral faço com que ele cuide disso mais tarde."

Dwayne conta a história do ponto de vista do homem quanto ao valor de uma ejaculação rápida ocasional. "Luz realmente gosta de seus orgasmos e fica brava comigo se gozo muito rápido para ela. Uma vez, quando ela estava quase gozando, tive de tirar porque senti meu próprio orgasmo chegando. Ela ficou tão frustrada que assim que terminei ela apontou o dedo para minha cara e gritou: 'Nunca mais me faça isso!'."

"Mas, outra vez, levei Luz numa viagem de negócios, e quando chegamos no aeroporto havia uma limusine esperando por nós em vez do carro normal. A empresa que minha firma usava naquele dia só tinha uma limusine para nos buscar. Luz ficou toda entusiasmada com a limusine. Depois de brincar com o estéreo e a televisão por alguns minutos, Luz deslizou para o chão e fez sexo oral em mim. Tínhamos bem pouco tempo antes de a limusine chegar ao destino. Dessa vez, quando terminei rápido, Luz me disse: 'Bom menino!'. Esse trajeto na limusine foi um dos pontos altos da minha vida." Como observei antes, o contexto é tudo.

QUANDO A EJACULAÇÃO É PRECOCE?

Às vezes é difícil determinar se um homem tem ejaculação precoce porque há uma variável importante sobre a qual ele tem pouco controle: sua parceira.

Um dia Philip, um renomado professor de ética, veio me ver. Um homem vigoroso com 50 e poucos anos, ele estava no segundo casamento e preocupado com seu funcionamento sexual.

"Não consigo demorar o suficiente para agradar a minha esposa", ele me disse. "Ela fala que eu deveria ser capaz de controlar melhor minha ejaculação. Só raramente ela tem um orgasmo com meu pênis ainda dentro dela. Estou me sentindo um péssimo amante para ela."

"Isso era um problema com sua primeira mulher?", perguntei.

"De jeito nenhum", ele respondeu. "Algo deve ter acontecido comigo, porque minha primeira mulher conseguia ter um orgasmo quase todas as vezes em que fazíamos sexo. E é muito chato, porque fora isso estou muito melhor e mais feliz com a minha esposa atual do que com a primeira."

"Sei que você provavelmente nunca cronometrou", comecei, "mas quanto tempo você acha que levava até ejacular quando fazia sexo com sua primeira mulher?"

"Cerca de cinco minutos", ele respondeu.

"E quanto tempo você leva com sua mulher atual?"

"Cerca de cinco minutos", ele respondeu. E então sorriu, como se uma lâmpada tivesse se acendido sobre sua cabeça.

O "desempenho" de Philip era o mesmo com ambas as mulheres. Com uma, o que ele tinha a oferecer estava ótimo, mas, com a outra, era inadequado. A esposa atual de Philip precisava de mais estimulação para chegar ao orgasmo do que a primeira. Philip tinha ejaculação precoce? Depende do ponto de vista.

AS SOLUÇÕES SEM VIAGRA

Homens com ejaculação precoce desprezam a si mesmos. Como os com disfunção erétil devido à ansiedade com a performance, esses homens têm a sensação de que seus corpos os traíram e de que têm pouco controle sobre o que está acontecendo. Não surpreende que uma infinidade de tratamentos e remédios caseiros tenha sido inventada para resolver esse problema.

Talvez o mais curioso deles seja o conselho que adolescentes e jovens dão uns aos outros. "Basta pensar na morte, cara" é uma das versões, a idéia de que pensar em algo o menos sexy possível vai com sorte prolongar o tempo até a ejaculação. Alguns jovens têm outra abordagem, mordendo o lado interno da bochecha durante o sexo para sentirem dor, esperando que isso baixe o nível de excitação sexual de modo a retardar o orgasmo.

Essas técnicas funcionam? Pensar em coisas desagradáveis ou causar dor a si mesmo parece contrário à idéia de sexo como uma atividade prazerosa. No entanto, para muitos homens, a meta de atingir algum grau de controle sobre sua ejaculação é tão importante que essa acaba sendo uma barganha razoável.

Na comédia *Quem vai ficar com Mary?*, um jovem recebe conselhos de um amigo mais experiente antes de ir a um encontro com uma bela garota. "Você não pode sair com o revólver carregado", ele ouve, o que quer dizer que devia se masturbar antes do encontro de forma a reduzir sua excitação a um nível controlável.

Muitos homens usam essa estratégia para ajudá-los com a ejaculação precoce. Masturbam-se antes de fazer sexo com sua parceira, pois após cada orgasmo é necessária cada vez mais estimulação para chegar ao clímax de novo. Quando o sexo ocorre, conseguem demorar mais com a parceira e assim sentem-se amantes melhores.

As mulheres costumam ficar chocadas ao ouvir isso. "Ugh! Isso é repulsivo! Para que ele precisa se masturbar antes de fazer sexo comigo?" Para as mulheres a coisa toda soa antinatural e difícil de aceitar. Os homens que o fazem também talvez não fiquem particularmente contentes com isso, mas aceitam de bom grado se funciona, já que praticamente qualquer coisa parece melhor do que sofrer a humilhação de uma ejaculação rápida demais.

Uma variante mais palatável para alguns casais é aceitar uma ejaculação inicial rápida pelo homem, seguida por sexo durante mais tempo quando ele volta a ter ereção. O homem terá assim mais de um orgasmo, e a mulher mais oportunidade de ter sua própria satisfação na vez seguinte. Todavia, isso não funciona se o homem tem dificuldade para obter a segunda ereção num tempo razoável, ou se o homem ou a mulher acha que esse padrão não segue o roteiro que tem em mente quanto ao que constitui sexo "normal".

Outros tratamentos "caseiros" comuns são usar uma ou mais camisinhas por vez para diminuir a sensibilidade do pênis, ou mesmo usar cremes ou sprays para anestesiar o pênis.

O TRATAMENTO CLÁSSICO

Antes do Viagra, o tratamento clássico para homens com ejaculação precoce chamava-se terapia biossensível em combinação com a "técnica de estrangulamento". Nesse tratamento, o homem se dedicava à atividade sexual, por conta própria ou de preferência com uma parceira, e tentava aprender os vários estágios da excitação em seu corpo. Uns poucos momentos antes que o orgasmo ocorra nos homens existe um "ponto de inevitabilidade", quando o orgasmo vai acontecer mesmo que não haja mais nenhuma estimulação sexual.

O desafio para o homem é ser capaz de identificar quando está se aproximando do ponto de inevitabilidade sem cruzar essa linha. Se conseguir isso, em teoria ele pode parar a estimulação nesse ponto, retardando, dessa forma, a ejaculação. Como regra, a sensação de uma ejaculação iminente vai ceder após alguns instantes sem estimulação, e então a atividade sexual pode ser retomada. Esse padrão pode ser repetido várias vezes, dando ao homem controle sobre quando ejacula.

Com freqüência, especialmente no começo, é difícil distinguir quando se está chegando ao ponto de inevitabilidade, e a ejaculação ocorre mesmo com o homem tentando desesperadamente interromper toda estimulação. Mas às vezes é possível abortar a ejaculação que está a caminho agarrando o pênis e apertando-o firmemente. É o que se chama de "técnica do entrangulamento". A ereção pode sumir com essa técnica, mas normalmente reaparece logo em seguida se a atividade sexual continua.

A terapia biossensível funciona bem, mas requer prática e empenho. Pode não ser uma opção viável para alguns homens, entretanto, porque é difícil pô-la em prática sem uma relação estável e uma parceira disposta. Embora seja possível "fazer o treinamento" por conta própria, o sexo não é a mesma coisa sem uma parceira. Essa terapia pode também não ser apropriada num relacionamento novo, porque leva tempo para se desenvolverem o compromisso e a confiança necessários para pedir a uma parceira que se envolva em terapia sexual. Mesmo assim, aprender a controlar a ejaculação pode ser um evento importante na melhora da qualidade de vida de um homem que escolhe esse caminho.

Um dos mais recentes e eficazes tratamentos tem sido o uso dos inibidores de reabsorção de serotonina, que são mais comumente receitados contra a depressão. Esses medicamentos podem retardar a ejaculação em muitos homens. É possível que isso seja um efeito colateral incômodo para quem toma esse tipo de remédio contra depressão ou ansiedade, mas pode ser um tratamento excelente para o homem com ejaculação precoce. Alguns de meus pacientes tiveram sucesso tomando o remédio só quando estavam em via de fazer sexo, enquanto outros precisam de uma pequena dose diária, mesmo nos dias em que não têm a intenção de ter relações sexuais.

Uma desvantagem desse tratamento é que a ejaculação precoce usualmente volta quando o homem pára de tomar o medicamento, enquanto, uma vez que ele aprenda a controlar sua ejaculação, o benefício dura para sempre.

O IMPERATIVO MASCULINO DE AGRADAR À PARCEIRA

Um dos temas que dominam a sexualidade masculina é o imperativo masculino de agradar à parceira. Sei que isso vai contra o estereótipo do palerma irrefletido que mal percebe sua parceira e as sensibilidades e preocupações dela enquanto passa pela vida feito um elefante numa loja de porcelana. E no entanto é comum os homens levantarem essa questão em meu consultório quando conversamos em particular, e esse é um dos motivos comuns pelos quais os homens pedem o Viagra.

"Ele mal nota quando corto o cabelo" ou "Ele simplesmente não escuta quando tento falar de meus problemas" podem ser queixas femininas comuns, é verdade, mas não é justo reduzir certas diferenças entre os sexos à queixa generalizada de que os homens não se interessam por suas parceiras. Minha experiência com os homens é que, como regra, eles desejam desesperadamente ser capazes de agradar às suas mulheres. Isso se manifesta especialmente no âmbito do sexo.

Os homens gostam de ser úteis. Funcionam bem quando as metas são claras, quando podem mirar onde precisam chegar, abaixar a cabeça e labutar para resolver qualquer desafio que esteja à frente. Isso é verdade quanto aos relacionamentos, e é verdade quanto ao sexo. Infelizmente, como vimos no Capítulo 3 sobre a ansiedade com a performance, o sexo é uma área em que é difícil simplesmente se empenhar mais quando as coisas não estão dando certo.

Há claramente um componente psicológico também aí, como Colin exemplifica. "Doutor, posso ter uma ereção o dia inteiro sem ejacular se eu ficar apenas fazendo outras coisas com minha namorada. Ela pode me acariciar, pôr a boca lá, tudo. Mas, no instante em que meu pênis entra na vagina dela, termina tudo. É como se eu não tivesse controle sobre ele. Não entendo." Há algo em penetrar uma mulher – o calor da vagina, o abraço e a proximidade que acompanha a penetração face a face – que faz com que alguns homens tenham um orgasmo imediato.

A ejaculação rápida pode ser um comportamento treinado. Muitos jovens têm suas primeiras experiências sexuais quando há o medo de serem descobertos, como quando estão no porão e os pais no andar de cima, ou num carro. Simplesmente "fazê-lo" torna-se a meta, e nessas circunstâncias a ejaculação rápida pode não parecer um problema. Mas pode se revelar um comportamento treinado do qual mais tarde é difícil se livrar, quando há a oportunidade para fazer sexo mais relaxadamente.

Vejamos agora quando o Viagra pode ajudar a resolver o problema da ejaculação precoce e quando não ajuda.

UM SUCESSO COM O VIAGRA

Nick era um engenheiro grego de 42 anos que escreveu no formulário médico que sua razão para me procurar era: "Minha mulher vai me abandonar". Quando entrei no consultório, Nick sorriu imediatamente e, quando ofereci minha mão para cumprimentá-lo, ele a agarrou entre as suas e a segurou sem soltar por alguns momentos. "Doutor, obrigado por me atender. Estou desesperado pela sua ajuda."

"Qual parece ser o problema?", perguntei.

"Toda a minha vida está desmoronando", ele começou. "Estou casado com Elena há 22 anos. Nós temos três filhos crescidos. Tivemos uma boa vida juntos." Ele deu um sorriso hesitante. "E, agora, Elena diz que vai me deixar." Nick começou a tremer, um tanto dramaticamente demais.

"Quando ela disse isso?", perguntei.

"Dois meses atrás, Elena me contou que, em todos esses anos em que estivemos juntos, ela nunca teve um orgasmo. Nenhuma vez." A boca de Nick se curvou para baixo, e seu lábio inferior se projetou ao ele tentar manter-se sob controle. "Não pude acreditar. Eu não fazia idéia. Todo esse tempo, achava que a satisfazia. Ela me diz que eu ejaculo rápido demais para ela. Se eu não procurar ajuda, ela disse que vai me deixar. Diz que é mais do que justo que ela também tenha algum prazer com sexo."

Nick cruzou os braços, como se quisesse se conter. "Toda a minha vida achei que eu era um bom marido, e agora descubro que não passo de um fracasso!", exclamou.

"Conte-me o que acontece quando você e Elena fazem sexo", pedi.

"Eu achava que estava tudo bem", ele disse. "Eu ficava com o pênis duro, punha-o dentro dela, e acabava. Elena agora me diz que era rápido demais. Ela sempre fez sons indicando que estava gostando. Como eu poderia saber que não era bom para ela?"

"Quanto tempo leva até você ter uma ejaculação?"

"Eu gozo logo em seguida, doutor. Vinte segundos, trinta."

"Sempre foi assim, Nick?"

"Doutor, Elena é a única mulher com quem estive. Temos feito sexo assim do mesmo jeito toda a nossa vida. Foi bom o bastante para termos três meninos fortes, mas agora não é mais. Claro, entendo que ela deveria ter algum prazer. Mas nunca pensara sobre isso antes, e agora não consigo pensar em outra coisa."

"O que você fez até agora para tentar resolver?"

"Meus amigos me falaram dessa coisa que vende na farmácia, então tentei isso. É um spray. Deixa o pênis frio, e diz que deve reduzir a sensação. Mas não adiantou comigo, e me senti idiota usando-o."

"Você alguma vez tentou dar prazer a Elena tocando-a lá embaixo com a mão ou com a boca?"

"Doutor, tentei isso depois que ela veio com a grande novidade. Mas não é algo que estejamos acostumados a fazer, e mesmo só falar sobre isso parece esquisito."

Conversamos mais, e no fim achei que valia a pena Nick experimentar o Viagra. Expliquei que o Viagra não agia diretamente no processo ejaculatório e não iria necessariamente retardar sua ejaculação inicial, mas poderia fazer com que fosse mais fácil ter outra ereção mais duradoura, o que poderia ser bom para Elena. Conversamos também sobre introduzir algumas preliminares na vida sexual deles. Algumas mulheres podem chegar ao orgasmo mesmo se o homem goza rapidamente, desde que tenham ficado altamente excitadas no tempo em que o pênis ficou dentro. Nick me agradeceu e saiu lépido pela sala de espera, com um renovado entusiasmo.

Nick apareceu para a consulta seguinte com Elena a seu lado. "Doutor, não tomei o Viagra. Elena quer conversar com você antes."

Elena era um pouco roliça e irradiava uma saudável vitalidade. Usava batom vermelho brilhante e tinha um generoso decote em sua blusa apertada.

"Doutor, tenho sido uma boa esposa e uma boa mãe. Nunca pedi nada para mim mesma. Mas agora que meus meninos estão crescidos e saíram de casa, não me parece tão terrível assim pedir um pouquinho para mim. Diga-me, é tão terrível assim?"

Sorri e balancei a cabeça dizendo que não, encorajando-a a continuar.

"Peguei um livro na academia só para mulheres que freqüento e comecei a ler sobre meu corpo. Nem tinha contado isso ao Nick até agora, mas já está mais do que na hora de ele ouvir. O livro mostrava como acariciar a si mesma, e eu tive o primeiro orgasmo da minha vida. Por conta própria." Nick olhou-a, incrédulo, enquanto Elena se endireitou orgulhosa na cadeira para continuar. "Eu quero ter essa sensação quando estou fazendo sexo com o meu marido, como as outras mulheres."

Nick baixou os olhos, envergonhado.

"Elena, acho ótimo que você tenha sido capaz de descobrir sua sexualidade", eu disse. "O desafio agora é descobrir como fazer disso algo positivo em seu casamento. Fico imaginando se não há um jeito de vocês dois descobrirem como se divertir com a vida sexual de vocês."

"Você acha que isso é possível?", ela perguntou, em dúvida. "Nick anda tão deprimido ultimamente. É como seu eu tivesse dito a ele que queria um divórcio."

"Na verdade", eu disse, olhando para Nick, que ficou quieto e evitou meus olhos, "Nick me disse que você ia deixá-lo se ele não conseguisse resolver o problema da sua ejaculação rápida."

Os olhos de Elena brilharam. "Nick às vezes exagera, doutor. Eu até disse a ele que há mulheres que deixam seus maridos se eles não conseguem satisfazê-las. Eu não tenho a menor intenção de deixar o meu Nicky. Mas eu queria que ele conseguisse demorar mais no sexo, de modo que eu pudesse ter um orgasmo de vez em quando."

Expliquei a Elena, como explicara a Nick, que o Viagra não afetava diretamente o tempo da ejaculação, mas poderia ajudar Nick a ter uma segunda ereção depois do orgasmo.

"O que isso quer dizer, Elena, é que Nick poderá terminar tão rápido quanto antes, mas então poderá ser capaz de ter outra ereção. Se ele a tiver, essa nova ereção quase sempre dura mais. Vamos tentar?"

Os dois concordaram, e dei a Nick uma receita de Viagra.

THE JOY OF SEX

Nick e Elena voltaram ao consultório dois meses depois. Tinham o ar de quem compartilhava um grande segredo, e Nick carregava uma sacola da livraria Barnes and Noble próxima ao peito, como se fosse algo precioso. A linguagem corporal deles me mostrava que as coisas estavam indo bem, e fiquei comovido com a idéia de que eles tinham me trazido um presente. Elena perdera alguns quilos e, curiosamente, Nick parecia ter engordado um pouco, e lhe caíra bem.

"Elena e eu estamos muito bem agora", ele disse com óbvia satisfação. "Eu ainda termino rápido com o Viagra, mas aí fico com outra ereção. Elena acha que é um milagre. E às vezes eu demoro um tempão mesmo sem o Viagra. Até começamos a ir para a cama mais cedo agora, doutor, para termos mais tempo para o nosso novo hobby."

Os dois se deram as mãos e riram juntos, como crianças travessas.

"Estamos tão agradecidos, doutor", Elena disse. "Estamos nos sentindo como se tivéssemos um novo mundo a explorar. Esse tempo todo, tínhamos só ficado fazendo a mesma coisa, repetidamente, e nenhum dos dois realmente tivera a chance de ter prazer com nossos corpos ou com o outro." Ela fez um gesto para Nick tirar o que havia na sacola. "Trouxemos uma coisa para você...", e, nesse momento, Nick tirou um livro da sacola, e eu me preparei para agradecer a consideração deles, "...assinar para nós. Você faria isso?", ela perguntou. O livro era *The joy of sex* [A alegria do sexo], um manual de sexo popular. O presente não era para mim, mas para eles!

"Claro!", respondi, rindo de mim mesmo, e escrevi na página de rosto que desejava a eles uma longa vida de prazer e intimidade sexual. Elena pegou o livro e leu alto para Nick o que eu escrevera, com satisfação. Ele se inclinou para dar em Elena um beijo na bochecha, piscou para mim e a acompanhou até a porta.

Embora o livro não fosse para mim, Nick e Elena haviam de fato me dado um presente. É inspirador testemunhar homens e mulheres rompendo com anos de treinamento cultural para descobrir maneiras novas e mais satisfatórias de se relacionar.

Há um dito segundo o qual "Quando se está finalmente pronto para mudar, o crescimento acontece rápido". Nick e Elena venceram o primeiro obstáculo, e com a ajuda do Viagra iniciaram uma jornada para bem além de onde eles ou eu havíamos previsto que chegariam, no caminho da auto-expressão sexual.

UM FRACASSO DO VIAGRA

Às vezes a ejaculação precoce ocorre como resultado de problemas dentro de um relacionamento. É pouco provável que o Viagra seja eficaz nestes casos, já que não há como ele ajudar a resolver os problemas subjacentes a um relacionamento.

"Felicia está me deixando louco", começou Ahmed, de 33 anos, consultor de uma grande empresa de software. "Ela espera que eu consiga ler a mente dela! Dez segundos depois de chegar em casa, eu percebo que está brava com alguma coisa, mas se recusa a me dizer o que é. Então tenho de começar o jogo das vinte perguntas, tipo: 'É alguma coisa que eu fiz, ou que deixei de fazer?'. Mas ela nunca responde diretamente. Em vez disso, me deixa ainda mais frustrado dizendo: 'Se você precisa perguntar, então talvez não devêssemos estar juntos'. Então eu começo a repassar todas as coisas que fiz ou deixei de fazer desde a última vez em que ela me pareceu bem."

"Outro dia, cheguei do trabalho, e pude na mesma hora ver que ela estava muito brava comigo. 'O que foi?', perguntei."

"'Nada', ela respondeu".

"'Vamos, me conte', eu disse, o mais gentil que pude. 'Sei que você está brava. É só me contar o que foi'"

"'Deixe para lá', ela disse. Enfim, depois de uma hora sondando-a e convencendo-a, descobri que, quando saíra naquela manhã, não lhe desejara boa sorte na apresentação que ela ia fazer naquele dia. Também não tinha ligado depois para saber como tinha sido, e então ainda piorei tudo ao não perguntar do assunto no momento em que entrei em casa."

O SEXO IMITA A VIDA

"E o que isso tem a ver com a vida sexual de vocês?", perguntei.

"*Qual* vida sexual?", ele perguntou sarcasticamente. "Raramente fazemos sexo. Felicia fica brava comigo por causa do sexo também, e daí não vale a pena. Estamos juntos há dois anos agora, e estava tudo bem até uns seis meses atrás. Uma noite, cheguei em casa de uma viagem de negócios exausto, mas acabamos fazendo sexo naquela noite mesmo assim. Eu gozei praticamente no instante em que meu pênis a penetrou.

"Felicia agiu como se eu tivesse feito de propósito, como se quisesse acabar logo com aquilo para poder me virar e dormir. Ela me acusou de não levar em consideração os sentimentos dela e suas necessidades sexuais. Acabou virando essa coisa que era muito maior do que o sexo. De acordo com Felicia, minha incapacidade de segurar meu orgasmo era sintomática de toda nossa relação e mostrava o pouco valor que eu dava a ela."

"E então o que aconteceu?"

"No fim fizemos as pazes, mas, nas poucas vezes seguintes em que fizemos sexo, eu gozei de imediato de novo. Quanto mais eu tentava me segurar, mais rápido gozava. 'Ejaculação precoce', imagino que você chamaria. Felicia me dava aquele olhar, que dizia: 'Viu? Você só se importa com você mesmo'. Ela agiu como se eu tivesse controle disso, mas não tenho."

"E como você se sente em relação a isso?", perguntei.

"Sinto-me sozinho e sem esperança."

"Sem esperança quanto ao sexo?"

"Com tudo no relacionamento, não só o sexo. Não importa o que eu faça, tudo o que ela acha é que eu sou egoísta e insensível. Costumavam ser nossos melhores e mais íntimos momentos quando íamos para a cama, mas agora o sexo é um desastre. A minha esperança era que o Viagra pudesse se encarregar da parte sexual, e talvez então conseguíssemos nos entender de novo."

Depois de discutirmos os vários tratamentos possíveis, Ahmed queria experimentar o Viagra. Eu não tinha certeza de que essa era uma situação em que o Viagra fosse ser eficaz, mas não custava nada tentar. Ahmed prometeu retornar dali a dois meses, trazendo Felicia se ela quisesse vir.

O VIAGRA NÃO RESOLVE OS PROBLEMAS SUBJACENTES

Ahmed de fato retornou, mas sem Felicia. "Como foi?", perguntei.

"O Viagra não ajudou", ele respondeu. "Eu conseguia outra ereção pouco depois de gozar, mas a ejaculação ainda vinha muito rápida. Uma vez em que tomei o Viagra, a ereção voltou uns poucos minutos depois. Eu estava pronto para tentar de novo, mas Felicia já estava brava comigo, e de jeito nenhum iria me deixar tocá-la de novo." Ele fez um ruído como se estivesse confuso com um problema de matemática. "Por que o Viagra não funcionou?", perguntou.

"A ejaculação rápida pode resultar da ansiedade, e eu esperei que o Viagra lhe desse confiança sexual suficiente para você conseguir controlar melhor sua ejaculação", expliquei. "Mas há tanto conflito e tantas questões não resolvidas entre você e Felicia que não é nenhuma grande surpresa que o Viagra não tenha funcionado."

"Qual a resposta, então?", ele perguntou.

"Vejo dois problemas aqui, Ahmed. O primeiro é que você e Felicia têm um padrão de relacionamento que o deixa constantemente no limite. E o segundo é que o sexo deixou de ser algo em que você tem prazer com Felicia. Em vez de poder se soltar na paixão e em sensações prazerosas, você só fica pensando em evitar a ejaculação. Não pode haver muito o que desejar *nisso*."

"Então o que fazemos?"

"Acho que você e Felicia precisam de uma oportunidade para lidar com o relacionamento de vocês. A melhor alternativa para vocês dois conseguirem se acertar de novo é discutir abertamente os problemas com um terapeuta competente que possa dissipar a raiva e dar a vocês a chance de terem sentimentos positivos um em relação ao outro."

"Felicia não vai concordar em ver um terapeuta, doutor. Tentamos uma vez, e ela jurou que nunca mais ia fazer isso. Ou eu a amava do jeito que ela era, ou então azar o meu."

"Então por que você não a traz aqui, para falarmos sobre a parte sexual das coisas, e vemos aonde conseguimos chegar?", sugeri.

A PERSPECTIVA DE UMA MULHER SOBRE A EJACULAÇÃO PRECOCE

Na semana seguinte, Ahmed e Felicia estavam me esperando no consultório. Felicia, uma mulher bonita de uns 30 e poucos anos que usava um chique terninho de negócios, parecia bem à vontade de estar ali.

"Olá, Felicia", comecei. "Ahmed me contou sobre os problemas sexuais que anda tendo, e é ótimo que você tenha podido vir hoje."

"Muito me alivia ouvi-lo dizer 'o problema de Ahmed'", Felicia disse. "Na primeira vez que Ahmed me pediu para vir aqui, eu tinha certeza que ele ia pôr também a culpa do problema dele em mim."

"Há outras coisas de que Ahmed põe a culpa em você?", perguntei.

"Praticamente tudo!", ela exclamou. "Ele diz que sou a fonte de toda a tensão e estresse em sua vida. Se você for acreditar em tudo o que Ahmed diz, sou responsável até pelo aquecimento global!"

Ahmed parecia querer protestar, mas manteve-se quieto.

Sorri com o último comentário. "De seu ponto de vista, Felicia, o que parece ser o problema?"

"Nossa vida sexual é uma completa perda de tempo, doutor. Ahmed ejacula quase no momento em que me penetra. Não sei por que ele faz isso, mas com certeza não me faz querer fazer sexo."

"Como é para você, Felicia?"

"É frustrante. Eu *gosto* de sexo. Gosto da preparação, adoro quando tenho um orgasmo, e gosto também da sensação que vem depois. Ahmed e eu tínhamos uma vida sexual *ótima*. Mas agora é só uma grande decepção. Quando ele goza tão rápido, é como 'Para que se incomodar?' Não há nada aí para mim."

AQUELE BAITA PUXÃO

"Esses sentimentos são novos para você, Felicia?"

"Doutor, nossa vida sexual tinha azedado antes de esse último problema se insinuar em nossas vidas. Ahmed não parece se preocupar com nada durante o sexo a não ser o próprio prazer dele."

"Por que você diz isso?", perguntei.

"O sexo oral, por exemplo. Faz um tempão que Ahmed não faz comigo. E no entanto ele ainda quer que eu faça nele."

"Isso não é justo, Felicia", Ahmed interrompeu. "Tentei várias vezes nos dois últimos meses fazer sexo oral com você, e você sempre me dava aquele baita puxão."

"Aquele baita puxão?", eu quis saber.

"É", Ahmed respondeu. "Eu estou ali embaixo tentando dar prazer a ela, e dali a um instante, sinto ela puxando meu cabelo para eu subir minha cabeça de novo. Não é que eu não *queira* fazer; é que ela não me *deixa*. Suponho que não faço do jeito que ela acha certo."

"Não é isso, Ahmed", Felicia corrigiu. "Eu sei que você não quer fazer. E não quero que você faça só porque acha que tem de fazer. Não preciso de favores de você."

"Como você sabe que eu não quero fazer?", ele perguntou.

"Porque você nunca está com uma ereção quando está fazendo!", Felicia exclamou alto.

"Mas isso é porque eu fico muito preocupado se estou fazendo certo!", Ahmed respondeu, também elevando o tom. "Fico só pensando quantos nanossegundos você vai me deixar continuar antes de me puxar de volta pelo cabelo."

Felicia e Ahmed olharam ferozmente um para o outro, resfolegando como touros a ponto de se enfrentarem.

Pareceu-me que era um bom momento para intervir. "Deixem-me interrompê-los por um momento para dizer o que foi que ouvi. Felicia, o que ouvi é que você não acredita que Ahmed se importa com você e seus sentimentos tanto quanto você gostaria e que, quando ele faz alguma coisa para você, acha que é porque ele se sente obrigado em vez de realmente querer fazer. É mais ou menos isso?" Felicia assentiu.

"E Ahmed, o que ouvi foi que você acha que Felicia não aprecia o que faz para tentar agradá-la, e você acaba se sentindo confuso. Isso soa mais ou menos certo?" Ele assentiu. "Suspeito que isso acontece em outros aspectos da vida de vocês, não só no sexo. Estou certo?" Os dois assentiram.

Felicia sorriu e olhou para Ahmed, que também deu um meio sorriso.

"Por que vocês estão sorrindo?", perguntei.

Felicia respondeu. "É engraçado ouvir uma descrição tão simples. Eu *amo* Ahmed. De verdade. Mas daí entramos nessas brigas de gato e rato que parecem nunca ter fim. Um de nós está sempre com raiva do outro."

ENCONTRANDO UMA SOLUÇÃO ROMÂNTICA

"Vamos ver se encontramos um jeito de transformar isso em algo positivo para vocês dois", eu propus. "Ahmed, o que você gostaria que acontecesse mais do que qualquer outra coisa em sua vida sexual com Felicia?"

"Gostaria de sentir que sou o melhor amante que Felicia já teve", ele respondeu, sem hesitação. "Gostaria de ser capaz de dar a ela um prazer inacreditável."

Felicia ouviu com um olhar cético.

"Felicia, qual é sua fantasia quanto ao que gostaria em sua vida sexual com Ahmed?"

"Gostaria de ser cortejada e mimada por Ahmed como se eu fosse uma linda princesa", ela disse, com um olhar distante.

"Perfeito!", exclamei. "Para mim parece que os dois querem a mesma coisa, então por que não fazê-la acontecer?" Ahmed e Felicia me olharam com perplexidade. "Ahmed quer agradá-la, Felicia, e você quer que ele a agrade. É um encaixe perfeito. Eis o que quero que vocês façam. Em algum momento na semana que vem, separem uma noite. A tarefa de Ahmed será fazer tudo o que puder para você se sentir aquela princesa. Faça o que lhe passar pela cabeça, Ahmed – óleos, perfumes, velas, o que for. Seja criativo, e se divirta com isso."

Felicia estava sorrindo com a idéia de ser mimada, enquanto Ahmed ouvia atentamente. "Mas essa noite será só de Felicia. De fato, Ahmed, você não tem *permissão* de pôr seu pênis dentro de Felicia nessa noite ou de pedir ou esperar qualquer atenção sexual dela. A meta é você conseguir cobrir Felicia com toda a atenção pela qual ela anseia e que merece de seu amante." Felicia claramente gostou dessa parte das instruções. "Você acha que pode fazer isso, Ahmed?"

"Sem dúvida. Parece uma diversão e tanto!", ele respondeu, entusiasmado. "Já tive até algumas idéias!"

"Quanto a você, Felicia, sua tarefa é mais simples, mas não necessariamente mais fácil." Tanto Felicia quanto Ahmed estavam na beirada de suas cadeiras agora. "Sua tarefa é *permitir* que Ahmed lhe agrade. Você precisa prometer que vai esquecer qualquer noção de que ele está cumprindo alguma obrigação e se abrir para a idéia de que ele quer ativamente amá-la e de que você tem direito a vivenciar esse amor como um presente."

"Doutor", Felicia interrompeu, "não me parece justo que eu fique com toda a atenção. E quanto ao Ahmed?"

"Esse é o pedaço que, se for entendido, pode levar vocês dois a chegarem a um lugar melhor ao estar um com o outro. Ao deixar Ahmed amá-la e fazendo-o saber que você aprecia esse amor, você estará também lhe dando um presente precioso."

Felícia enconstou-se de novo na cadeira e colocou as mãos no rosto como se tivesse levado uma bofetada. Ahmed a observou em silêncio. "Acho que entendi", ela disse, depois de um instante. "Eu só preciso deixar Ahmed me amar."

Felicia já ia se levantando, mas Ahmed a deteve. "Doutor, tudo isso soa ótimo, mas o que tem a ver com minha ejaculação precoce?"

"Nada e tudo", respondi. "Se vocês dois conseguirem fazer o que sugeri só por uma noite, acho que o problema de ejaculação vai se resolver por si só. De fato, acho que pode até já estar resolvido."

Ahmed não pareceu inteiramente convencido, mas Felicia entendeu. A ejaculação precoce de Ahmed provinha de sua ansiedade quanto a fazer amor com Felicia. Ao oferecer a Ahmed a aceitação do amor dele, Felicia sabia que essa ansiedade iria desaparecer, e sua falta de controle da ejaculação iria se desvanecer ao mesmo tempo.

Não fiquei sabendo mais nada de Ahmed e Felicia por mais de um ano. Num dia de abril recebi um cartão pelo correio. Havia uma foto do casamento dos dois dentro, junto com um bilhete de Felicia.

"Caro dr. M.", ela escrevera. "Como você previu, o problema sobre o qual fomos consultá-lo estava resolvido quando deixamos seu consultório. Com a sua ajuda, Ahmed e eu encontramos um lar maravilhoso um no outro. Agora, estamos construindo uma espécie de ampliação dele, para acomodar toda a alegria e completude em nossas vidas. O bebê Joshua ou Jasmine (ainda não queremos saber o sexo!) está sendo esperado para se juntar a nós nesse verão. Muito obrigado por nos ter ajudado a abrir nossos olhos, e nossos corpos, um ao outro."

APRENDENDO COM O VIAGRA

O mito do Viagra malogra quando homens e mulheres esperam que uma pílula vá resolver todos os seus complexos problemas de relacionamento ou alterar modos de comportamento arraigados. Com a ejaculação precoce, o Viagra às vezes pode ser útil de forma indireta, mas o sucesso depende em grande medida de circunstâncias individuais.

A ejaculação precoce causa dificuldades sexuais enormes tanto para o homem quanto para sua parceira. Uma ejaculação rápida faz o homem se sentir um mau amante e torna difícil para a mulher ter tempo suficiente para algum prazer ou para chegar ao orgasmo. A ejaculação precoce entra em conflito com as imagens românticas que temos em nossas cabeças sobre o que constitui fazer amor bem e não permite termos tempo suficiente para uma expressão apaixonada e coerente de nossos sentimentos em relação ao outro.

Num nível prático, é difícil tanto para o homem quanto para a mulher saber o que fazer com a situação. Como vimos com Ahmed, quanto mais o homem se esforça para retardar seu orgasmo, mais ansioso ele fica, o que faz com que se torne ainda mais provável que ele ejacule rapidamente. As mulheres podem achar um desafio apoiar seu parceiro quando não conseguem encontrar no sexo algum prazer para elas mesmas. "Ao menos ele consegue um orgasmo" é uma queixa, enunciada ou não, de muitas mulheres.

Nick ficou arrasado ao descobrir que Elena nunca tivera um orgasmo com ele. Aquilo ia contra a noção que ele tinha de si mesmo como bom marido e como homem. O desejo de Elena de que Nick fosse mais amoroso e demorasse mais criou dificuldades para Nick porque sua tendência a ejacular rapidamente estava arraigada. O Viagra deu a Nick uma segunda chance para ser um bom amante para Elena, não por retardar a ejaculação em si, mas por permitir que ele continuasse com a atividade sexual mesmo depois do primeiro orgasmo.

O Viagra foi ineficaz para Ahmed porque sua ejaculação rápida devia-se a seu complexo relacionamento com Felicia, e não a um padrão de comportamento vindo de longe. Assim que o relacionamento melhorou, a ejaculação precoce desapareceu. Nem todos os problemas sexuais são reduzidos aumentando-se o fluxo de sangue para o pênis.

Enfrentar os problemas sexuais num relacionamento oferece uma oportunidade para que se abra um mundo de possibilidades para os casais, as quais eles de outro modo talvez nem considerassem.

LIÇÕES

- É raro o sexo ser ideal como nas imagens que vemos nos filmes ou sobre as quais lemos nos livros. Uma das razões mais comuns pelas quais nossas experiências sexuais não ficam à altura desses ideais é a ejaculação precoce.
- A ejaculação precoce pode ser arrasadora para o homem por causa de sua vontade de dar prazer a sua parceira. O papel de provedor de prazer é crucial para a auto-imagem sexual de um homem. A ejaculação precoce interfere nisso porque torna impossível para o homem se ver como um ser sexual bem-sucedido.
- As mulheres também sofrem quando seus parceiros vivenciam a ejaculação precoce. O sexo se torna frustrante e decepcionante.
- O Viagra não tem efeito direto no processo da ejaculação, mas pode ajudar alguns homens com ejaculação precoce. O Viagra permite a muitos homens ter uma segunda ou mesmo uma terceira ereção, o que torna possível prolongar a relação sexual. Pode também aumentar a confiança de um homem em suas habilidades sexuais, eliminando desse modo a ansiedade que em alguns casos leva à ejaculação precoce.
- O Viagra provavelmente será ineficaz para a ejaculação precoce se existirem complexos problemas de relacionamento contribuindo para o problema.
- Há alguns tratamentos sem Viagra para a ejaculação precoce disponíveis. O tratamento clássico é a terapia biossensível, na

qual o homem aprende como ajustar o nível de estimulação de acordo com seu grau de excitação.
- Medicamentos inibidores da reabsorção de serotonina são um tratamento eficaz para muitos homens com ejaculação precoce. Esses remédios funcionam retardando o tempo até o orgasmo. No entanto, o problema em geral retorna quando se pára de tomar o medicamento, porque ele não lida com os problemas subjacentes de comportamento, ansiedade ou relacionamento.

CAPÍTULO 6

QUANDO O VIAGRA NÃO FUNCIONA

SERIA MARAVILHOSO se o Viagra funcionasse todas as vezes, para todos os homens com problemas de ereção. Infelizmente, não é esse o caso. Mas isso não é uma deficiência do Viagra, que é um remédio excelente e um verdadeiro avanço no campo da medicina sexual.

Essa noção do Viagra como uma solução automática, como o conserto instantâneo para todos os problemas sexuais, reflete a tendência de nossa sociedade a simplificar os conflitos que fazem parte da vida, e essa pressuposição de que o Viagra sempre funcionará também faz parte do mito do Viagra. Separamos as coisas em boas e más, preto e branco. Criamos expectativas irreais, e então podemos ficar seriamente desapontados quando essas expectativas não se realizam.

Por mais excelente que seja esse medicamento, a realidade é que aproximadamente um terço dos homens que experimentam o Viagra para resolver problemas de ereção não terá sucesso com ele. Outro segmento considerável poderá descobrir que não era o que esperavam ou o que gostariam que fosse. Os dados mostram que menos de 50% dos homens americanos renovam suas receitas de Viagra. Para cada homem que sente que marcou um golaço ao tomar o medicamento pela primeira vez, há um outro que fica perplexo pelo fato de o Viagra não ter funcionado com ele. "Imagino que todas essas histórias fantásticas que ouvi sobre o Viagra não passam da mais pura propaganda", é o que esses homens desapontados me dizem no consultório. "Ele é um lixo!"

O mito do Viagra faz com que percamos de vista a complexidade dos relacionamentos, da sexualidade e da saúde. O Viagra não é nem uma panacéia nem um lixo. Como seria de esperar, a eficácia do Viagra está estreitamente relacionada à gravidade do problema sexual e ao estado médico do homem que o toma.

SUPERANDO EXPECTATIVAS IRREAIS

Parte da mitologia em torno do Viagra é resultado da literatura médica inicial. Talvez o item mais importante seja um estudo publicado em 1998 no renomado *New England Journal of Medicine*. Nele, relatava-se que o Viagra funcionava para 80% dos homens que experimentaram a dose de 100 miligramas. Na medicina, qualquer coisa que funcione em 80% dos casos é fenomenal, e foi desse modo que os resultados foram noticiados nos jornais.

No entanto, no mesmo estudo, 40% dos homens que tomaram um placebo também pensaram que seu tratamento tinha tido sucesso. Essa cifra também era muito alta. A alta taxa de sucesso com o placebo indicava que homens com disfunção erétil apresentavam primariamente uma causa psicológica para o problema, já que haviam sido tão suscetíveis à cura por uma pílula de açúcar? O Viagra funcionara sobretudo por ser um placebo?

Como acontece em muitos outros estudos, as respostas estão nos detalhes. O modo como os homens são selecionados para um estudo determina em grande medida o tipo de resultados possíveis. A alta porcentagem de sucesso com um placebo significa que o grupo de homens estudados continha grande número de homens com problemas psicológicos que causavam – ou contribuíam para – sua disfunção erétil. O Viagra de fato funcionou muito bem para esse grupo. Mas a taxa de sucesso com certeza teria sido bem menos impressionante se houvesse mais homens com uma causa física para sua disfunção erétil.

Nos últimos anos, aprendemos muito sobre o sucesso do Viagra com base em estudos numerosos com diferentes grupos populacionais. Sabemos que o Viagra funciona em cerca de dois terços dos homens em geral. As taxas de sucesso são maiores em homens ansiosos com a performance ou outras formas de impotência psicogenética, e mais baixas, talvez não mais do que 50%, em homens com problemas médicos complicados que incluem diabetes e doenças cardíacas.

Alguns homens ficam sabendo que há apenas 50% de chance nas condições deles, e então ficam desanimados. Todavia, eu pessoalmente acho que essa é uma proporção notável. Na maior parte dos anos em que eu tratava a disfunção erétil antes de o Viagra ter sido desenvolvido, achava que seria impossível o desenvolvimento de um remédio eficaz e seguro. Como poderia ser criada uma pílula que afetasse os vasos sanguíneos do pênis sem produzir efeitos desastrosos no resto do corpo? E no entanto é exatamente isso o que o Viagra faz devido a sua ação numa enzima específica encontrada quase que exclusivamente nos músculos lisos dentro do pênis.

Ter uma pílula que funciona para a metade dos homens com casos difíceis de disfunção erétil não é um mau resultado. Felizmente, há opções para tratar homens com disfunção erétil além do Viagra. De fato, nossos tratamentos têm tido tanto sucesso que meu colega Irwin Goldstein, da Boston University Medical School, gosta de dizer: "Se você tem um pênis, nós podemos lhe dar uma ereção".

COMO UMA EREÇÃO FUNCIONA, E POR QUE FALHA

Quando um homem obtém uma ereção, um conjunto de eventos assombrosamente complexo ocorre. O cérebro manda sinais através dos nervos para os vasos sanguíneos do pênis irrigarem as câmaras penianas com sangue das artérias. Ao mesmo tempo, há o relaxamento das fibras dos músculos lisos dentro das câmaras para segurar o sangue e as vias de escoamento através das veias são fechadas para prenderem o sangue dentro do pênis. A excitação requer que o cérebro destile todos os sutis sinais do ambiente – tato, cheiro, visão, sons – e é governada por hormônios, especialmente a testosterona, nos homens.

O fato de ções dependerem de tantos sistemas – artérias, veias, nervos, hormônios, cérebro – implica que são também vulneráveis a problemas. De fato, se qualquer um dos componentes de uma ereção falha, a ereção também falha. Todos os cilindros devem estar funcionando para o homem conseguir a subida na localização desejada.

Alguns dos problemas médicos mais comuns que causam impotência são hipertensão, diabetes, doenças cardíacas e colesterol alto. O cigarro e o álcool podem também contribuir para a disfunção erétil. Problemas nos nervos devidos à esclerose múltipla, danos na medula espinhal, ou cirurgia pélvica, como a que é feita em casos de câncer na próstata, podem causar problemas na ereção, já que são os nervos que avisam os vasos sanguíneos do pênis para criarem a ereção.

Quanto mais desses fatores de risco um homem tem, mais provável é que ele vá enfrentar dificuldades com ereções. E quanto mais severamente o pênis tiver sido afetado, menos provável é que o Viagra funcione. Muitos homens com esses problemas já experimentaram o Viagra e descobriram que não funcionava com eles.

É uma pena que tantos homens para os quais o Viagra não funcionou desistam de suas vidas sexuais, já que o que o dr. Goldstein diz é verdade: praticamente qualquer homem pode encontrar um tratamento que lhe permitirá voltar a ter uma vida sexual. Mas muitas pessoas não sabem que existem outros tratamentos além do Viagra, ou que eles podem ser eficazes. Nossa ênfase no Viagra nos fez perder de vista a variedade de outros tratamentos que estão disponíveis.

ALTERNATIVAS AO VIAGRA

Embora muita gente se surpreenda ao saber disso, o tratamento da disfunção erétil era bastante eficaz antes de o Viagra ser sequer um vislumbre de possibilidade. O fator limitante, e a razão de a maioria das pessoas nada saber sobre isso, era que não havia uma pílula a oferecer, de modo que nenhum dos tratamentos chamava a atenção de ninguém.

A justificativa para a fama do Viagra, e provavelmente será sempre assim, é que ele foi o primeiro medicamento *oral* para disfunção erétil que funcionou. Independentemente de quantas outras variações do Viagra ou outros tipos de pílula chegarem ao mercado no futuro, o Viagra continuará sendo visto como um evento significativo na história da medicina e da indústria farmacêutica.

O tratamento mais comum para homens para os quais o Viagra não funciona, ou que não podem tomá-lo porque também tomam medicamentos com nitrato, cuja combinação pode produzir efeitos colaterais perigosos, é a terapia de injeção peniana, que vem sendo usada há vinte anos. Como outros eventos na história do tratamento da disfunção erétil, essa é uma história maravilhosa.

INJEÇÃO PENIANA

No ano de 1983, na reunião anual da American Urological Association em – entre todos os lugares possíveis – Las Vegas, estava marcada uma apresentação de um excêntrico fisiologista da Inglaterra, chamado Giles Brindley.

Brindley era conhecido por experiências e resultados interessantes, e não via problema em experimentar coisas nele mesmo. Esse era o homem, afinal, que implantara cirurgicamente um termômetro dentro de seu próprio saco escrotal para fazer uma experiência na qual monitorava a temperatura em torno dos testículos continuamente por 24 horas, de modo a poder conhecer a relação entre a temperatura e os testículos. A platéia estava esperando algo interessante. Não ficou desapontada.

Em geral, quem fala nessas reuniões médicas usa terno e gravata e faz o melhor que pode para parecer digno e respeitável, tudo em função de sustentar melhor os novos dados que espera apresentar para sua cética comunidade de professores, pesquisadores e colegas. O dr. Brindley apareceu usando uma calça de moleton.

O título da apresentação nada tinha de dramático. No entanto ela foi tudo, menos enfadonha.

O dr. Brindley começou: "Senhoras e senhores, membros e convidados, muito obrigado por me oferecerem a oportunidade de apresentar hoje a vocês minha pesquisa. Aproximadamente quinze minutos atrás injetei no meu corpo cavernoso [a câmera erétil do pênis] direito 30 miligramas de fenoxibenzamina [um medicamento que age nos vasos sanguíneos]. Notem por favor que no momento não tenho nenhum sentimento de excitação sexual".

E, com isso, ele saiu de trás do pódio, abaixou seu moleton, e ficou ali, *em flagrante*, com uma ereção completa! Ele então passou a andar pelo corredor de modo que seus colegas pudessem olhar bem e ter certeza de que ele não os estava enganando com uma prótese peniana. Embora eu não tenha estado lá para assistir a esse teatro urológico, colegas que estavam descrevem uma cena de incredulidade e assombro que não se comparava a nada que tivessem testemunhado antes em suas carreiras médicas. A era das injeções penianas havia chegado com um estrondo.

A terapia de injeção peniana introduziu uma nova era porque pela primeira vez havia um tratamento menos invasivo do que a cirurgia para homens com disfunção erétil. Além disso, deu aos pesquisadores um modo de estudar ereções com o pênis "ativado" sem que fosse necessário que os voluntários tentassem ficar excitados enquanto eram cutucados, picados e testados pelos cientistas. Graças à terapia de injeção peniana, aprendemos mais sobre como a ereção funciona e por que ela falha. Em vez da hemodinâmica usada para descrever como o coração e os vasos sanguíneos funcionam, temos agora o que chamamos, de brincadeira, de "penodinâmica".

Embora a maioria dos homens se encolha só de pensar numa agulha em qualquer lugar perto de seu pênis, no fim das contas trata-se de um coisa relativamente fácil de fazer e quase completamente indolor. As agulhas são minúsculas, e homens que dão em si mesmos injeções por outras razões, mais comumente diabéticos que se aplicam insulina, dizem que essa injeção é menos incômoda.

Injeções têm suas vantagens. Quando o Viagra saiu, quase todos os meus pacientes que usavam injeções quiseram experimentá-lo, claro. Fiquei surpreso quando alguns desses homens preferiram continuar com as injeções, mesmo tendo tido sucesso com o Viagra.

"Injeções são mais espontâneas para mim", explicou Sid, diabético de 48 anos que vinha usando injeções havia três anos com bons resultados. "Sei que soa esquisito dizer que uma agulha é mais espontânea que uma pílula, mas minha mulher acha que o sexo não deve ser planejado. A agulha me dá uma ereção em poucos minutos, e não importa se comi ou não uma boa refeição. Ela detestava a espera com o Viagra. Uma vez, quando enfim a ereção veio, ela já tinha decidido tomar um banho e me deixou trancado do lado de fora. Voltei às injeções depois disso."

Efeitos colaterais sérios com as injeções são raros. Alguns homens podem ser especialmente sensíveis ao medicamento e acabar com uma ereção que não passa se tiverem injetado demais. Isso pode ser resolvido com um medicamento de ação contrária, mas pode ser um problema sério se o homem ficar muito constrangido para ir ao pronto-socorro se tratar. Mesmo assim, pode ser um problema só bem no começo, quando o médico está tentando determinar a dose certa, ou quando um homem decide por contra própria aumentar a dose por achar que vai precisar de algo extra num encontro. A formação de tecido de cicatriz dentro do pênis pode ocorrer e também, embora raramente, fazer com que o pênis fique curvo com a ereção. Finalmente, alguns homens sentem uma ardência desconfortável dentro do pênis com o medicamento, e nesse caso é pouco provável que achem o tratamento aceitável para eles. Medicamentos alternativos podem ser injetados, então, para evitar a ardência, mas em geral eles podem ser obtidos com urologistas especializados no tratamento da disfunção erétil.

DISPOSITIVOS DE VÁCUO

Dispositivos de vácuo são as engenhocas tipo Austin Powers que eram vendidas como "bombas para o pênis" no passado. Contrariamente ao marketing delas, não aumentam o tamanho do pênis, mas os dispositivos de qualidade médica de fato permitem a homens impotentes obterem uma ereção razoável de modo a poder voltar a fazer sexo. Uma faixa colocada na base do pênis prende o sangue de modo a mantê-lo firme.

Dispositivos de vácuo são mecânicos, e muitos homens os acham inconvenientes de usar. Mas para alguns homens eles são a escolha certa. As principais vantagens é que são completamente não-invasivos e funcionam para quase qualquer causa de impotência. Uma queixa comum é a sensação de estar com um torniquete na base do pênis. Isso não é lá muito surpreendente, já que nesse tipo de tratamento de fato *há* um torniquete na base do pênis.

Apesar disso, alguns homens adoram os dispositivos de vácuo. Um de meus pacientes, Simon, é um homem de negócios bem-sucedido que se aposentou aos 55 anos e teve um diagnóstico de câncer na próstata dois meses depois. Ele foi submetido a uma cirurgia de próstata radical que o deixou completamente impotente. O Viagra não era eficaz, e ele não se sentia confortável com as injeções penianas.

"E como está indo?", perguntei a ele quando voltou ao consultório, três meses após ter sido treinado para o uso do dispositivo de vácuo.

"Minha mulher adora a bomba de vácuo!", respondeu. "Ela diz que é a melhor coisa que aconteceu em nossa vida sexual. Diz que meu pênis fica maior e mais cheio, e ela obtém grande satisfação com ele."

"Fico contente que sua mulher tenha gostado", eu disse. "Mas e quanto a você?"

"Doutor", ele respondeu muito sério, pondo a mão firmemente em meu ombro, "sei que você estudou em Harvard e tem uma sala cheia de diplomas. Mas deixe eu lhe explicar uma coisa sobre sexo: se essa bomba de vácuo faz minha mulher querer fazer sexo comigo, então eu a acho fabulosa!" E ele riu, feliz com o que disse.

IMPLANTES PENIANOS

Existe uma velha piada de urologistas sobre uma mulher que tinha implantes ajustáveis nos seios, colocados de forma a ela poder evitar atenções indevidas no trabalho, mas quando ela quisesse aumentá-los bastava mexer os braços como se batesse asas, ativando assim as bombas sob as axilas.

Um dia, num bar depois do trabalho, ela encontra um homem atraente, e eles se dão bem. Depois de tomarem alguns drinques, ela começa a bater os braços para aumentar a proeminência de seu busto e diz para o homem convidativamente: "E então, que tal irmos até minha casa para uma saideira?". Ao que o homem responde: "Claro!" e então começa a abrir e fechar as coxas e uma saliência aparece em suas calças.

Implantes penianos na realidade não funcionam assim, mas o mecanismo para os dispositivos infláveis modernos é de fato engenhoso e os dispositivos se revelaram eficazes e confiáveis. Dois cilindros vazios são instalados dentro das duas cavidades do pênis, chamadas de corpos cavernosos. Uma bomba é colocada dentro do escroto, como se fosse um terceiro testículo. Quando o homem está pronto para fazer sexo, ele aperta essa bomba repetidamente e a água é transferida para os cilindros no pênis, criando, desse modo, uma ereção. O implante imita uma ereção de verdade, já que põe fluido sob pressão nas câmaras normais do pênis. A diferença é que o fluido é água em vez de sangue. Quando o homem termina, esvazia o implante apertando outra área; o fluido retorna a seu reservatório, e o pênis amolece de novo.

Os implantes têm excelentes resultados, não provocam dor depois do período de cicatrização e permitem que o sexo seja completamente espontâneo. Mas talvez o mais importante é que esses homens se sentem psicologicamente curados. Dexter, um diabético de 43 anos para o qual o Viagra não funcionou, explicou assim: "Doutor, embora as injeções funcionassem e me deixassem fazer sexo de novo, eu ainda me sentia impotente. Mas agora que tenho o implante, não me sinto mais impotente. Não sei por quê. Afinal, eu sei que há algo artificial dentro do meu corpo. Mas psicologicamente parece diferente para mim, agora."

Uma das vantagens do implante é que o homem pode manter seu pênis ereto pelo tempo que quiser. Isso ajuda a manter o contato genital com sua parceira mesmo depois do clímax, o que pode ajudar a mulher a chegar ao orgasmo, particularmente se o homem tende a ejacular rapidamente.

A experiência de estar com um homem com um implante pode requerer um certo ajuste nas expectativas de uma mulher. Hank, um homem de 53 anos, teve uma cirurgia de implante feita por mim na mesma operação em que foi realizada uma prostatectomia para a remoção da próstata cancerosa pelo meu colega William DeWolf. Por causa da localização do tumor, era muito perigoso manter os nervos, de modo que a cirurgia significaria que Hank ficaria impotente, a menos que fizesse um tratamento. Hank escolheu o implante.

Embora Hank tenha tido um resultado excelente em sua cirurgia de implante, encontrou dificuldades com sua parceira, Alice. Ela era uma viúva bonita seis anos mais jovem do que ele. Eles haviam se conhecido no clube de golfe local e estavam saindo já fazia seis meses quando o câncer de Hank foi diagnosticado. O relacionamento deles tinha sido muito sexual até aquele momento, e Hank estava preocupado: seria capaz de manter um relacionamento sexual após sua operação?

Quando Hank veio em seu retorno três meses depois, perguntei como estavam as coisas.

"Não muito bem, doutor. Alice não está mais tão ligada em mim como antes. Não sei se vamos conseguir resolver."

"Qual é o problema?"

"Ela acha que há algo errado com o implante. Eu também. O sexo não é mais o mesmo."

Quando examinei Hank, o implante estava perfeito. Tinha uma aparência natural quando flácido e uma excelente ereção quando inflado. Teria sido difícil para alguém que não soubesse o que acontecera dizer que ele tinha feito uma cirurgia para uma prótese peniana.

Eu disse a Hank que tudo parecia bem, e ele me perguntou se podia trazer Alice para conversar comigo. Talvez ela pudesse explicar o problema melhor do que ele.

Alice veio com Hank ao consultório na semana seguinte. "Doutor, o pênis do Hank não é mais o mesmo."

"Explique, por favor, o que você quer dizer."

"Bem, ele nunca mais fica duro comigo a não ser quando bombeado." Expliquei que em função da cirurgia contra o câncer, a capacidade de Hank para ter uma ereção por conta própria não mais existia. Ele estava incapaz de enviar mais sangue para o pênis. Essa, afinal, tinha sido a razão de colocar um implante.

"Acho que eu meio que tinha entendido isso, mas não completamente", Alice disse, parecendo desapontada. Ela queria que eu fosse capaz de consertar algo que não podia ser consertado.

"Sabe, eu gostaria de ser capaz de devolver a Hank sua própria ereção natural. Mas não posso. O implante é bom, mas não é a mesma coisa. No entanto, ele permite que casais façam sexo de uma maneira que é confortável e normalmente satisfatória." Alice não pareceu convencida. "Alice, é evidente que ainda há alguma coisa a incomodando. Você sabe me dizer o que é?"

Hank estava sentado na ponta da cadeira, como se esperasse que Alice pudesse identificar o problema e eu pudesse corrigi-lo.

"Isso provavelmente vai soar horrível, doutor, mas vou dizer assim mesmo. Quando Hank e eu começamos a nos ver, eu realmente gostava do jeito como ele sempre ficava com uma ereção perto de mim. Eu podia estar na pia da cozinha lavando qualquer coisa, e Hank punha os braços em volta de mim e eu sabia que ele estava excitado comigo. Podia sentir na calça dele." Hank sorriu ao ouvir isso. Era obviamente uma memória agradável também para ele.

"Mas isso não acontece mais. Hank me *diz* que está excitado, mas como posso saber? Não me sinto mais desejada do mesmo jeito."

"Você tem razão, Alice. *É* diferente agora. Posso entender facilmente porque não lhe parece tão bom. Antes, você *sabia*. Agora, tem de adivinhar. Mas há outras maneiras de saber se um homem está excitado com você."

"É mesmo?", ela perguntou. "Como?"

"Basta olhar para ele, Alice, e ver como ele olha para você." Pela maneira como Hank olhava para Alice o tempo todo em que os dois estavam ali em meu consultório, um cego correndo para salvar sua vida no meio da noite enxergaria no mesmo instante o quanto Hank era louco por ela. "Está nos olhos dele, Alice. Você apenas vai ter de confiar neles. Deleite-se com Hank, e deixe ele se deleitar com você."

Alice sorriu e disse que ia tentar.

Três meses depois, Hank estava com um sorriso enorme em seu rosto e me contou que ele e Alice haviam acabado de voltar das melhores férias da vida deles nas Bahamas e que tinham feito mais sexo do que ele fizera a vida inteira. "O implante é ótimo, doutor. Ele nunca me deixa para baixo, com perdão da piada. Acho que Alice agora é fã dele!"

A EREÇÃO PERPÉTUA

Às vezes a capacidade de ter uma ereção duradoura artificialmente ganha vida própria. Afinal, os homens fantasiam sobre serem capazes de ter uma ereção que dure o dia e a noite inteiros, e ter um implante torna isso, em teoria, possível.

Um dos meus pacientes, Edgar, é um pouco hipocondríaco e me liga toda vez que nota algo em sua saúde que não parece normal. Acontece que Edgar tem uma prótese peniana inflável, e um dia ele me ligou para dizer que estava preocupado com haver algo de errado com ela.

"Acho que há um problema na válvula, ou apareceu um vazamento no dispositivo", ele sugeriu. Fiquei preocupado quando Edgar disse isso porque ambos os problemas podem ocorrer com a prótese.

Fiquei com os dedos cruzados durante nossa conversa, torcendo para que Edgar não precisasse de uma nova operação. "Depois de quanto tempo o pênis começa a perder a rigidez?", perguntei. Não estava preparado para a resposta que viria.

"Bom, agora ele está duro há seis dias", ele respondeu, como se não fosse nada de mais.

"*Seis dias!*", exclamei, sem conseguir esconder minha perplexidade. Respirei fundo. "Você não consegue desinflá-lo?"

"Oh, não, doutor. Posso esvaziá-lo quando quiser. O problema é que ele não *continua* duro."

"Edgar, esses dispositivos não são projetados para manter o pênis firme por todo esse tempo. Por que ele está assim há seis dias?"

"Ah, eu o deixo assim a maior parte do tempo, doutor. Uso cuecas confortáveis e calças folgadas, de modo que não se nota. Eu simplesmente toco as coisas assim."

"Mas *por quê*, Edgar?"

"Gosto de estar com ele duro. Faz me *sentir melhor!*", ele explicou.

Sem dúvida, os homens gostam de estar com o pênis duro.

ALTERNATIVAS EM AÇÃO

Vamos dar uma olhada agora em algumas histórias sobre como essas alternativas podem funcionar.

NA MONTANHA-RUSSA COM O VIAGRA

Kurt tinha 32 anos quando me procurou, acompanhado por sua mulher, Katrina. A história deles ilumina algumas das sutilezas nas relações humanas. Katrina tinha uma beleza de modelo, quase sem maquiagem, exceto rímel e um batom suave, com as maçãs do rosto altas e cabelos castanho-avermelhados na altura dos ombros, e usava roupas elegantes. Era o tipo de mulher que se destacava na multidão. Eu estava curioso de saber qual seria a história deles.

"Como posso ajudá-lo?", perguntei a Kurt depois de termos todos nos apresentado.

"Doutor, precisamos de alguma ajuda no departamento sexual", Katrina respondeu, com um leve sotaque, antes que Kurt pudesse começar a falar. "Já consultamos vários médicos, mas temos esperança de que você possa nos ajudar." Kurt estava quieto em sua cadeira observando Katrina, parecendo um pouco aborrecido com ela estar falando pelos dois, mas ainda não o suficiente para intervir. "Kurt tem um problema com ereção, e todos os outros médicos dizem que é coisa da cabeça dele."

"Kurt, por que você não me conta sua história?", sugeri diretamente a ele.

"O.k.", ele disse, também com um leve sotaque. Kurt era esguio, com um ar de intelectual, incluindo uma barba rala. Ele e Katrina pareciam um tanto deslocados um com o outro: o revolucionário e a socialite da Quinta Avenida.

"Katrina e eu nos conhecemos no Texas, onde eu estava fazendo pós-graduação em engenharia de software. Uns amigos comuns arranjaram nosso encontro, achando que íamos nos dar bem por ambos sermos holandeses. E, sem dúvida, gostamos bastante um do outro e começamos a sair. Mas, na primeira vez em que tentamos fazer sexo, não consegui uma ereção. Nem na vez seguinte. Nem na depois dessa."

"Parecia que ia ficar assim para sempre", acrescentou Katrina, com um sorriso contrariado. "Enfim, fomos juntos a um médico, e ele receitou Viagra."

"E como o Viagra funcionou para você", perguntei a Kurt.

"Foi ótimo", ele disse, mas sem muito entusiasmo. "A primeira vez que o usei foi a primeira vez que fizemos sexo juntos. Então passamos a fazer sexo o tempo todo."

"Foram os nossos bons velhos tempos", Katrina acrescentou.

"Depois de um tempo, descobri que não precisava mais de modo algum do Viagra", Kurt continuou. "Acho que eu apenas estava intimidado por Katrina no começo, porque ela parecia muito descolada. Ela conhecia todo mundo, e todo mundo a conhecia, e eu ficava me perguntando o que ela fazia com um cara como eu. Mas, assim que superei o obstáculo com o Viagra, fiquei bem, e achei ótimo poder parar com ele."

"Então por que você me procurou?"

"Cerca de um ano depois", Kurt explicou, "quando nós já estávamos morando juntos fazia um tempo, Katrina recebeu uma oferta de emprego excelente de uma empresa em Nova York."

"Era a grande chance na carreira que eu estava esperando", Katrina precipitou-se a dizer. "Eu não podia de jeito algum recusá-la, mesmo se isso fosse um problema para Kurt e eu. Mas Kurt estava fazendo pós-graduação, e afinal nenhum dos dois tinha planos de ficar no Texas. Então eu me mudei para Manhattan, e gastamos todo o dinheiro que não tínhamos voando entre os dois lugares e em contas de telefone absurdas."

"Mas não foi fácil para Kurt. Ele cismou que eu saía para me divertir toda noite com um cara diferente. Não importava o que eu lhe dissesse. Ele começou a ficar psicótico comigo. Nas vezes em que ficávamos juntos, Kurt começou a ter problemas de ereção de novo." Katrina olhou para Kurt com ternura.

"Então, nos casamos. A minha esperança era que isso fizesse Kurt relaxar e passar a confiar em mim. Mas não resolveu. Ainda morávamos separados enquanto Kurt terminava seu mestrado, e ele estava estressado em todos os aspectos. Às vezes o Viagra funcionava, às vezes não. Enfim, Kurt terminou o mestrado e arrumou um emprego aqui em Boston numa empresa de biotecnologia na rodovia 128. Consegui uma transferência para uma empresa boa aqui, e pudemos morar juntos de novo.

"Tivemos um ano e meio excelentes. O sexo era bom de novo. E então subitamente parou."

"O que aconteceu?", perguntei.

"As ereções dele desapareceram. Já faz um ano agora. Consultamos diversos médicos, mas todos nos disseram que isso já havia acontecido antes e era coisa da cabeça de Kurt. De acordo com os exames médicos ele está normal, e fora isso é saudável. Mais de um deles disse: 'É um caso clássico de impotência psicogenética'."

"Kurt, o que você acha?", perguntei.

"Eu não sei, doutor. É verdade que no passado foi psicológico. Isso é óbvio, pela maneira que tive de usar o Viagra no começo e depois não precisei mais. Mas agora parece diferente. Não acordo mais com ereções que sejam firmes mesmo. Até tentei me masturbar. Meu pênis sobe, mas fica só meio duro. Não como uma ereção de verdade. Talvez isso tudo seja psicológico também", ele refletiu.

"Vocês tentaram terapia de casal ou sexual?"

Katrina assentiu. "Foi uma completa perda de tempo", disse. "Fizemos já faz tempo, mas não funcionou conosco."

"O que aconteceu?"

"O terapeuta nos disse para termos contato físico um com o outro sem fazer sexo. Recebemos instruções de como eu devia manusear o pênis de Kurt, sem colocá-lo dentro."

"E...?", instiguei-a a continuar.

"Fizemos isso umas duas vezes e desistimos. Kurt perdia a ereção assim que eu tentava pôr seu pênis dentro de mim."

"Mas achei que você tinha entendido que a essência do exercício era não pôr o pênis dentro. A idéia é que o homem ganhe confiança em que pode obter uma ereção e mantê-la, e possivelmente que ele pode até retomá-la se amolecer. Sem pressão."

"Mas isso não faz sentido!", Katrina gritou. "E quanto a mim? Estou disposta a fazer o que posso para ajudar Kurt, mas também tenho minhas necessidades! A idéia era fazer com que ele ficasse com o pênis duro. Então, quando estava duro, achei que era hora de ter a minha parte. Eu estava tão frustrada. Achei que, 'se está duro, vamos fazer'. De qualquer forma, de que adianta falar disso? Não vou fazer terapia de novo."

Katrina havia demonstrado um dos maiores desafios em lidar com questões sexuais num relacionamento: há duas pessoas envolvidas, cada uma delas com necessidades e desejos próprios. Uma meta importante da terapia comportamental que eles tentaram é fazer com que o homem ganhe, por meio de brincadeiras sexuais, confiança em sua capacidade de obter uma ereção, e até mesmo obtê-la de novo com sua parceira se voltar a perdê-la. O truque é remover a ansiedade relacionada a inserir o pênis na vagina, e isso se obtém fazendo o casal prometer que não vai tentar a inserção. Katrina pôs a perder os benefícios potenciais da terapia porque ela queria sexo. Eis a ereção, enfim – vamos lá!

Embora houvesse aspectos na história de Kurt que pareciam claramente psicogenéticos, achei que seria útil que Kurt fizesse uns exames para avaliar os vasos sanguíneos e os nervos que controlam a função peniana. Um deles envolvia medir o fluxo sanguíneo arterial após criar uma ereção artificial com uma injeção peniana. Os resultados mostraram claramente um fluxo arterial fraco. Kurt obteve uma ereção firme devido à potência do medicamento, mas ele tinha um problema arterial, muito provavelmente devido a um ferimento de alguma espécie na área entre o pênis e o escroto chamada períneo.

"Doutor, essa injeção foi ótima", Kurt disse quando nos vimos de novo. "Fazia anos que meu pênis não ficava duro assim. Eu decididamente quero aprender a fazer isso eu mesmo."

"Essa é uma boa solução para você", respondi, e tomei providências para Kurt ser treinado por Kevin Flinn, um enfermeiro registrado que trabalha para mim há dez anos. "Mas estou curioso de saber o que pode ter acontecido. Você se lembra de alguma vez ter se acidentado de forma a cair em algo entre suas pernas, como o cano de uma bicicleta?"

Kurt pensou por um instante. "Não, não lembro de nada assim." Depois de um momento, seu rosto se iluminou como se ele tivesse descoberto alguma coisa. "Espere um minuto! Um pouco antes de eu começar a ter problemas de novo, eu estava fazendo esqui aquático com Katrina numas férias no oeste de Massachusetts, e tive um acidente. Acabei acertando meu traseiro com força numas pedras acima da água. Doeu muito por uns dias, e fiquei com uma mancha roxa forte por um tempo, mas tudo passou e achei que tinha ficado bem. Pode ter sido esse o problema?"

"Sim, é sem dúvida possível. Acho que seu problema original era devido à ansiedade, e o Viagra então o ajudou. Mas a razão pela qual o Viagra não adianta mais é que agora você tem um problema físico em suas artérias que o Viagra não pode superar."

Kurt pareceu aliviado. "Essa notícia é excelente, doutor!", ele disse, com mais animação do que até então eu tinha visto nele.

"Por quê?", perguntei.

"Porque eu sabia que não era tudo coisa da minha cabeça!", ele disse com óbvia satisfação, e olhou para Katrina como se tivesse acabado de provar algo importante.

Katrina também parecia aliviada. "Mas se o Viagra não funciona, doutor, por que então as injeções vão funcionar?", ela perguntou. "Você disse que as artérias pareciam danificadas e não deixavam o sangue passar de forma adequada."

"As injeções são um tratamento mais potente do que o Viagra, Katrina, porque o medicamento vai direto ao lugar onde tem de agir e pode ser aplicado em concentrações bastante altas. Também nem sempre funcionam, mas é ótimo que pareçam ter funcionado para Kurt."

Uns dois meses depois, Kurt veio para o acompanhamento. Tinha tirado a barba e cortado o cabelo num estilo contemporâneo, em vez de seu cabelo comprido, desgrenhado e sem forma de estudante de pós-graduação. Kurt quase pulou da cadeira para me cumprimentar quando entrei na sala.

"Como vai você, Kurt?", perguntei. Fiquei surpreso com sua energia.

"Excelente, doutor", ele disse com um amplo sorriso. "As injeções são ótimas. O sexo voltou a ser o que devia ser. Katrina e eu estamos bem de novo."

Kurt ainda estava de pé quando eu me sentei. Surpreendentemente, eu mal tinha notado Katrina sentada ali por causa do jeito como Kurt parecia preencher a sala. Agora, pela primeira vez, eu podia imaginar como era a energia de Kurt quando Katrina o conheceu, e era fácil de ver por que ela se apaixonara por ele.

"Contem-me o que lhes tem acontecido", pedi.

Kurt agora voltara a ser capaz de fazer sexo quando quisesse, e o efeito das injeções nele durava uma hora ou mais. Ele tinha sua bela melhor de novo a seu lado, apreciando o jeito como faziam amor, e ele não mais precisava se preocupar com ela deixá-lo. Isso lhe dava espaço – permissão, de uma certa forma – para voltar a se projetar e se sentir ousado em sua vida mais uma vez.

"Sou de novo um homem", ele disse.

"Um belo homem", acrescentou Katrina.

"Obrigado", os dois disseram juntos.

SUPERANDO UM PROBLEMA MÉDICO HÁ MUITO EXISTENTE

Jim, um estudante de 18 anos, cursando o primeiro ano na faculdade, veio para uma consulta acompanhado por seus pais. Aos 5 anos, descobriu-se que ele tinha um tumor encobrindo estruturas vitais em sua pélvis. Ele foi submetido a uma cirurgia para salvar sua vida que incluiu a remoção da bexiga e da próstata, o que implicou Jim ter de usar um saco sobre uma pequena protuberância rosa em seu baixo-ventre para coletar a urina. Além disso, os nervos que iam para o pênis tiveram de ser cortados para a remoção do tumor.

Na época da cirurgia original, disseram aos pais de Jim que ele nunca poderia ter filhos e provavelmente nunca seria capaz de fazer sexo. Agora que Jim era um adulto, ele mesmo queria saber o que o futuro lhe reservava. O pai de Jim acrescentou que sabia que muitos avanços haviam acontecido desde a época da cirurgia original, e todos eles gostariam de saber se algum desses avanços se aplicaria ao caso de Jim.

Conversamos juntos sobre a cirurgia inicial de Jim e como ele se saíra desde então. Notavelmente, conseguira levar uma vida ativa e muito normal. Havia jogado futebol americano e outros esportes no colegial, apesar do saco de urina sob os equipamentos de proteção e o uniforme. Era excelente aluno, tinha muitos interesses e vários bons amigos.

A mãe e o pai de Jim se alternavam respondendo as perguntas, mas Jim não tinha problemas em acrescentar seu próprio ponto de vista. Parecia bem ajustado e à vontade com seus pais, que eram ambos boa gente. A uma certa altura, pedi aos pais que me deixassem a sós com Jim para que pudéssemos discutir assuntos pessoais mais livremente, e eles não hesitaram em fazê-lo.

"E então, Jim", comecei, "o que você pode me dizer sobre como seu pênis funciona? Alguma vez o pênis fica duro?"

"Não", ele respondeu. "Já vi em filmes, e li livros e essas coisas, de modo que sei o que devia acontecer, mas nunca tive uma ereção."

"Você nunca acordou e notou que seu pênis estava duro ou meio duro?"

"Nunca."

"Suponho que como a urina não sai pelo pênis, nada mais sai, certo?"

"Certo."

"Alguma vez você já teve orgasmo?"

"Acho que não."

Com o tipo de cirurgia que Jim fizera, tudo que produzia o sêmen havia sido removido, de modo que podia ser complicado fazer uma idéia dessa questão do orgasmo, já que, notavelmente, alguns homens podem ter toda sensação de prazer no cérebro sem que nenhum fluido saía do pênis.

"Você pensa muito em garotas?"

"Doutor, eu gosto muito das meninas. Só não sei o que fazer com elas." Jim sorriu, um pouco embaraçado com essa revelação.

"Você alguma vez teve uma namorada?" Ele balançou a cabeça para responder que não.

"Por que não, Jim?", perguntei.

"Bom, em grande parte porque acho que qualquer menina que me vir nu vai me achar repulsivo. Quer dizer, quem mais anda por aí carregando sua urina num saco na barriga? Já não é fácil ter de lidar com os outros caras e seus comentários absurdos. Com meninas iria ser ainda mais difícil para mim."

"Mas o problema maior", ele continuou, "é que eu simplesmente sou tímido. Sinto-me um perfeito idiota perto de meninas. Mas quer saber de uma coisa, doutor?", ele acrescentou num tom queixoso. "Mesmo se eu soubesse como lidar com as meninas, o que eu iria fazer com elas? Como poderei ser capaz de fazer sexo? Meu pai acha que você vai me dar Viagra para experimentar, mas, mesmo que funcione, o que devo fazer: tomar uma pílula toda vez que quiser fazer sexo, pelo resto da vida? Não parece lá grande coisa."

"Que outras preocupações você tem, Jim?"

Jim mordeu seu lábio inferior e continuou. "Fora essa coisa das meninas, minha vida na realidade é bem boa. Estou numa boa faculdade, estou indo bem, tenho amigos, faço esporte, e sei que um dia vou ter um bom emprego – algo em finanças, acho. Meus pais realmente são ótimos. Fico vendo eles, e penso que eu podia ser um bom pai algum dia também. Mas se não posso fazer sexo, e nenhum esperma sai do meu pênis, isso quer dizer que nunca poderei ser um pai?"

Ao examiná-lo, pude ver que Jim era alto, magro e musculoso. Tinha o que eu chamaria de um corpo de nadador: ombros largos e fortes e um torso longilíneo, bem proporcionado. Mas Jim não nadava muito. Incomodava-o demais o saco de urina ficar visível. Em vez disso, o esporte principal de Jim agora na faculdade era o basquete, e ele me disse que tinha um bom arremesso.

No baixo-ventre, no lado esquerdo, Jim tinha uma pequena protuberância de tecido saindo de debaixo de seus músculos abdominais bem definidos. Sobre o botão ficava um saco de plástico transparente, como um saco Ziploc, com cerca de 28 mililitros de urina. Uma fita adesiva especial prendia o saco ao corpo, rente e bem colocado. Jim era meticuloso nos cuidados com seu corpo.

Jim quis que seus pais voltassem para o consultório para nossa conversa.

"Tenho de dizer", comecei, "o quanto estou impressionado com como vocês se saíram bem como família." A mãe de Jim sorriu para seu marido. Pude ver que seus olhos se marejaram e passei-lhe uma caixa de lenços de papel. Jim estava radiante. O pai dele deu uns tapinhas nas costas de sua mulher.

"Obrigado", disse enfim o pai de Jim. "Tivemos uma estrada dura pela frente, mas Jim foi valente o caminho todo. Você tem razão. Ele realmente tem uma excelente disposição. Não sabíamos o que o futuro nos traria quando Jim fez sua primeira operação, aos 5 anos, mas ele acabou se saindo bem. Jim se saiu muito mais do que bem."

"Mas o que você pode fazer por ele?", perguntou a mãe.

"Que tal o Viagra?", o pai perguntou antes que eu pudesse responder à outra pergunta.

"Acho que tenho boas notícias para vocês, em tudo", respondi. "Comecemos pelo assunto mais simples: fertilidade. Quando Jim fez a cirurgia, seus tubos foram desconectados e desviados. Mas os testículos parecem saudáveis, e não tenho dúvidas de que Jim está produzindo esperma saudável. Só que ele simplesmente não tem para onde ir. É como um homem que fez uma vasectomia. Embora dificilmente possamos religar os tubos de modo a Jim ejacular normalmente pelo pênis, tenho quase certeza de que, quando Jim estiver pronto para ter filhos, podemos coletar esperma nos testículos, ou nos tubos em volta deles, e usar esse esperma para fazer um bebê com óvulos de sua parceira."

Jim e seus pais se entreolharam. Quem falou foi sua mãe. "Doutor, nos disseram quando Jim fez a cirurgia que não havia possibilidade de ele vir a ter filhos."

"Quando Jim fez a cirurgia, treze anos atrás", expliquei, "essas técnicas não estavam disponíveis. Houve avanços maravilhosos em nossa capacidade de ajudar homens como Jim a ter filhos." A mãe de

Jim encostou-se na cadeira, claramente contente com a nova idéia de ser avô.

"A questão da ereção é um pouco mais complicada. Os nervos que controlam a ereção foram cortados quando Jim fez sua cirurgia original para remover o tumor. O pênis em si provavelmente está bem, mas nunca recebe sinais de que o cérebro ficou excitado, então nunca fica duro. Homens que fizeram cirurgia para câncer na próstata com freqüência têm exatamente o mesmo problema."

"Que tal o Viagra?", o pai de Jim perguntou de novo.

"Infelizmente, o Viagra não funciona bem numa situação como essa", respondi. "O Viagra faz com que o sinal no nervo fique mais forte, mas, como não há sinal porque os nervos não estão mais lá, o Viagra não pode ajudar." O pai de Jim pareceu desapontado.

"Mas há alguns outros tratamentos que funcionam muito bem", continuei, "e estou confiante de que poderemos encontrar um meio de Jim ter uma boa vida sexual assim que estiver disposto a isso. As escolhas podem não parecer tão simples como tomar uma pílula, mas cada uma delas tem características que são bem atraentes."

"Como o quê?", Jim perguntou.

"A que eu recomendaria a você agora seria que aprendesse a injetar um medicamento no lado do seu pênis que faz com que os vasos sanguíneos criem uma ereção sem depender dos nervos. O pênis responde em alguns minutos e dura um bom tempo, até mesmo um par de horas em alguns homens."

"E dói?", Jim perguntou.

"É uma agulha minúscula", expliquei. "Dê-me sua mão", e Jim a estendeu para mim como eu pedi. Dei um beliscão de leve no dorso dela. "É algo assim, Você vai sentir, mas não é nada que lhe faça dizer 'ai'."

"Não é tão ruim assim", ele concordou. "Mas não há outro jeito de usar o remédio sem uma agulha?"

"Sim, há um supositório minúsculo que pode ser posto no orifício do pênis. Mas não é tão eficaz. Num prazo mais longo, talvez você queira considerar uma cirurgia para um implante peniano, mas acho que devíamos começar com as injeções."

"Quando você acha que devo aprender a fazer isso, doutor? Eu não devia esperar até ter uma namorada? Parece meio bobo ficar se dando injeções se não há ninguém com quem experimentar."

"Na realidade, Jim, você deveria aprender a fazê-lo agora mesmo. Muitos homens com problemas de ereção se esquivam de se aproximar de mulheres. Se você souber que pode fazer sexo, poderá ter a confiança para encontrar alguém."

"O.k., doc", Jim disse com uma petulância verbal que não mostrara antes, "você me convenceu. Estou nessa!"

Jim voltou a me ver três meses depois, desta vez sem os pais. "Como vai você, Jim?", perguntei.

"Você não vai acreditar no que aconteceu comigo, doutor", ele disse, com um largo sorriso. "Arranjei uma namorada – Jenny. As injeções são ótimas. Fico com uma ereção por cerca de uma hora e meia. Jenny mal consegue acreditar. Diz que é o melhor sexo que já fez na vida. Ela realmente gosta do fato de meu pênis ficar duro tanto tempo."

"Isso é maravilhoso, Jim. E como ela reagiu a seu saco de urina?"

"Ela é tão legal quanto a isso, doutor. A primeira vez que o viu, ficou curiosa. Eu estava constrangido, mas ela disse que parecia tão limpinho – nada como ela imaginara. Agora nem ligamos muito mais para isso."

"Mas o melhor de tudo", Jim continuou com entusiasmo na voz, "é que agora eu tenho orgasmos! Quando você me perguntou na primeira vez que vim aqui, eu realmente não tinha a menor idéia do que você estava falando, mesmo que eu achasse que tinha. Que sensação incrível! Nunca me canso de tê-los. Agora eu entendo por que as pessoas querem tanto sexo!", ele exclamou, e ambos rimos juntos.

"É", eu respondi, assentindo com a cabeça para mostrar que entendia. "Bem-vindo ao mundo dos seres humanos sexualmente ativos, Jim!", e rimos de novo.

APRENDENDO COM O VIAGRA

Como vimos, a impotência, ou disfunção erétil, pode ter efeitos profundos na auto-estima de um homem e pode até mesmo causar depressão. Pode também ter um impacto considerável nos relacionamentos.

O Viagra é um tratamento excelente para muitos homens, mas há muitos casos em que ele não funciona. Isso é especialmente verdade para homens com uma causa física para sua disfunção erétil. Em geral, quanto mais grave a disfunção erétil, menos provável é que o Viagra funcione. Mas o que é importante lembrar é que há uma variedade de tratamentos que podem funcionar, mesmo quando o Viagra é ineficaz. Talvez nenhum deles pareça simples e elegante como tomar uma pílula, mas pode haver claras vantagens também nesses outros tratamentos.

Injeções penianas permitiram a Kurt voltar a ser "quem era", e ele foi capaz de restaurar o entusiasmo em seu relacionamento com Katrina.

Implantes penianos parecem saídos de uma história de ficção científica, ou de alguma versão do Homem Biônico, e no entanto permitem aos homens serem sexualmente espontâneos sem precisar tomar uma pílula, usar uma seringa, ou fazer qualquer outra coisa que lhes pareça desagradável. A taxa de satisfação é muito alta para eles e suas parceiras.

Dispositivos de vácuo têm a vantagem de ser não-invasivos. No nível mais simples, produzem firmeza suficiente no pênis para este poder ser inserido na vagina. Para muitos homens e suas parceiras, isso já é um milagre suficiente.

Resolver problemas de ereção com freqüência resolve também problemas de auto-imagem e de relacionamento. Mesmo quando claramente há problemas psicológicos, pode ser muito difícil para um ou para ambos os parceiros aceitar terapia psicológica ou sexual como tratamento. Katrina nunca acreditou na terapia comportamental de Kurt e acabou prejudicando-a quando o problema dele era apenas psicológico, mesmo quando parecia estar ajudando-o. Em outros casos, é o homem que se recusa a discutir problemas de relacionamento ou mesmo a ir a uma sessão de terapia.

Tornar a ereção melhor pode ser uma boa solução se a causa das dificuldades é a própria ereção e se outros aspectos do relacionamento são razoavelmente sólidos. No entanto, uma ereção mais firme não pode resolver problemas mais profundos.

LIÇÕES

- O Viagra é mais eficaz para homens com impotência psicogenética, funcionando em aproximadamente 80% dos casos. É também eficaz em homens com uma causa física para sua disfunção erétil, mas menos, funcionando em cerca de 65% dos homens com hipertensão ou doenças vasculares e em cerca de 50% daqueles com problemas médicos mais complicados, que podem incluir uma combinação de hipertensão com diabetes.
- Há outros tratamentos disponíveis que podem ser altamente bem-sucedidos mesmo quando o Viagra não funciona. É importante que homens e mulheres saibam disso, de modo que possam ter uma expectativa razoável de sucesso se prosseguirem com o tratamento mesmo depois de o Viagra não ter dado certo.
- Injeções penianas é o que mais comumente se usa quando o Viagra falha. Elas são quase indolores e criam uma ereção entre cinco e dez minutos depois de tomadas. A ereção pode durar muito tempo, até várias horas para alguns homens (o que pode ser um aborrecimento ou um bônus).
- Um pouco menos efetivo é o mesmo medicamento, Alprostadil, na forma de um supositório minúsculo que é colocado no orifício do pênis. Isso evita o uso de uma seringa, o que é útil para homens com fobia de agulhas.
- Dispositivos de vácuo criam rigidez ao fazer com que o sangue flua para o pênis, onde ele fica preso por uma fita colocada na base.
- Implantes penianos, também chamados de próteses penianas, são inseridos cirurgicamente dentro do pênis. Podem ser simples varas dobráveis ou, mais comumente, dispositivos infláveis que criam tanto uma ereção quanto uma aparência normal quando o pênis está flácido. Muitos homens acham que o implante os faz se sentirem psicologicamente intactos.

- Resolver o problema de impotência, com ou sem o Viagra, pode ter um impacto enorme na percepção que um homem tem de si mesmo, em seus relacionamentos e na maneira como ele interage com o mundo.

CAPÍTULO 7

O MITO DO VIAGRA EM RELACIONAMENTOS GAY

QUANDO O VIAGRA apareceu, fiquei curioso em saber qual seria o impacto dele em relacionamentos gay. Em casais heterossexuais, só um dos parceiros tem um pênis, obviamente, e o Viagra é, desse modo, um tratamento para metade do par. Em casais gay, acabariam os dois parceiros tomando o medicamento para intensificar sua sexualidade? Uma pílula que melhora a firmeza do pênis seria apreciada por aqueles homens gay que fazem sobretudo sexo oral, já que nesses casos o pênis não tem de fato de "fazer nada"? Seria mais ou menos provável que um homem gay com um problema de ereção escondesse o Viagra de seu parceiro, do que um heterossexual? O mito do Viagra, de que uma pílula pode resolver problemas pessoais e de relacionamento, incide de forma diferente se o parceiro de um homem é outro homem em vez de uma mulher?

O que ficou claro para mim ao ouvir as histórias de meus pacientes é que há questões essenciais com as quais todos temos de lidar, fazendo pouca diferença se se é homem ou mulher, heterossexual ou gay. Mesmo assim, a sexualidade gay de fato apresenta aspectos diferentes em relação à heterossexual, que se manifestam também quanto ao Viagra.

COMO O MITO DO VIAGRA É DIFERENTE EM RELACIONAMENTOS GAY

A diferença mais óbvia em relacionamentos gay é que, claro, o parceiro de um homem é também homem e portanto também tem um pênis. Em conseqüência, a expectativa, o desejo e a percepção da anatomia e das sensibilidades do parceiro diferem das de um relacionamento heterossexual. Essas diferenças podem influenciar as razões pelas quais um homem pode se interessar pelo Viagra.

DURO O SUFICIENTE PARA UMA MULHER MAS NÃO PARA UM HOMEM

Jason era um homem bissexual de 32 anos que me procurou porque percebera que suas ereções não eram mais firmes como ele achava que deviam ser. "Posso fazer sexo, doutor, e não tenho nenhum problema com as mulheres, mas comecei a ficar um pouco inibido com homens", ele relatou. "Acho que uma receita de Viagra poderia me ser útil."

"Você realmente só fica inibido com homens?", perguntei.

"Fico com receio de que um homem vá perceber que há algo errado com minha ereção."

"Por que você não receia o mesmo de uma mulher?"

"As mulheres podem brincar com meu pênis, mas no fim o que importa para elas é só se está firme o suficiente para a penetração. E *consigo* penetrar, mesmo quando não está assim tão duro. Mas os homens sabem quando não estou a toda. Eles simplesmente sabem."

"Por que você diz isso?"

"Porque todos eles são peritos em pênis! Todos eles têm um!"

Muitos homens que experimentaram sexo com mulheres antes de passar para parceiros homens dizem que uma das razões que tornam possível o sexo ser melhor é que os outros homens sabem exatamente o que é gostoso para eles. Existe uma anatomia compartilhada, afinal, e para quase todos os homens uma experiência compartilhada de como é tocar a própria genitália e criar sensações prazerosas. Ser o proprietário de um pênis de fato parece constituir uma vantagem ao oferecer prazer sexual a outro homem. No entanto, se um homem se preocupa com o fato de seu pênis não estar como deveria, então pode haver um nível de ansiedade a mais quanto a fazer sexo com outro "perito em pênis".

Curiosamente, embora fosse apenas com mulheres que Jason tinha uma necessidade funcional de uma ereção firme para a penetração (já que ele não fazia sexo anal), era em relação a seus parceiros homens que ele estava preocupado por causa de uma rigidez menor. Ele tinha a impressão de que o microscópio da avaliação sexual estava focado em seu pênis numa situação íntima com outro homem.

"Se o cara vê que não está muito duro, ele pode tomar isso pessoalmente, achar que não está me excitando o bastante, ou então que eu não sou muito sexual, ou que há algo errado comigo. Qualquer uma dessas possibilidades pode significar que ele não se interessará em me ver de novo. Tenho tido problemas com isso nos dois últimos anos, e está chegando ao ponto de eu ficar com medo de fazer sexo."

"Se isso já está acontecendo há tanto tempo, Jason, o que fez com que você viesse me procurar? Há algo de especial acontecendo?"

Jason suspirou. "Na realidade, sim. Conheci uma pessoa. O Douglas é realmente muito legal. Rimos juntos de monte. Mas, nas últimas vezes em que fizemos sexo, tudo estava bem até ele começar a me acariciar. Foi só eu começar a pensar que ele ia perceber que meu pênis não estava duro o bastante que perdi completamente minha ereção. Da primeira vez, consegui tê-la de novo, mas não nas duas últimas vezes. Douglas disse que não tinha nada de mais, mas eu me senti um completo idiota. O pênis dele fica incrivelmente duro sempre que a gente dá uns amassos, e eu me sinto patético em comparação. Tenho medo de que ele vá me largar se eu não resolver esse problema."

"Jason, esse é um caso clássico de ansiedade com a performance. Tenho certeza de que suas ereções devem ser bastante normais em termos de fluxo sanguíneo e funcionamento nervoso, mas pensar em como elas se comparam às dele fazem com que sua mente atrapalhe seu pênis. O Viagra poderá ajudá-lo a superar esse obstáculo, por assim dizer, e, logo que você estiver à vontade com seu novo amigo, desconfio que o Viagra não será mais necessário."

"Doutor, devo contar ao Douglas que estou tomando Viagra?"

"Se você realmente gosta dele, acho que o melhor é ser honesto e franco. Douglas percebeu que você teve um problema nas últimas vezes. Se você explicar que está tomando o Viagra porque estava se sentindo inibido e porque quer ser capaz de fazer sexo bem com ele, acho que ele vai entender. Especialmente se ele é tão legal como você diz que ele é."

Dei a Jason uma receita de Viagra e o vi de novo algumas semanas depois. Ele estava sorrindo de uma orelha a outra quando entrei no consultório. "Ouça essa, doutor: tomei o Viagra, e foi ótimo. Fiquei com o pênis duro o tempo todo, e nem me preocupei com ele enquanto Douglas me acariciava. Depois, decidi seguir seu conselho e contei a ele que tinha tomado Viagra. Sabe o que ele me disse? Ele também toma Viagra! O caso é que ele sempre teve um pênis tímido e costuma usar o Viagra no começo de um relacionamento até estar à vontade com o parceiro. Rimos muito do quanto ambos estávamos tão preocupados em impressionar um ao outro por fora, mas completamente ansiosos por dentro."

"Essa é uma história ótima, Jason."

"E fica ainda melhor, doutor", ele continuou. "No dia seguinte, concordamos em fazer sexo os dois sem o Viagra. Meu pênis não ficou assim tão duro, nem o do Douglas. Mas isso não teve nenhuma importância! Acho que nunca me senti tão bem comigo depois do sexo quanto dessa vez. Senti-me livre."

O PERIGO DOS POPPERS

Um problema diferente com o Viagra na comunidade gay é o uso ocasional de nitrato de amila, ou "*poppers*", com sexo. Os *poppers* são cheirados para dar uma sensação de euforia que realça as sensações prazerosas de estimulação sexual e do orgasmo. Mas são também nitratos e, quando estes são misturados com o Viagra, podem causar uma súbita e violenta queda da pressão arterial. Os médicos com freqüência sabem do uso de *poppers* entre homens gay e os previnem sobre os riscos de misturá-los com o Viagra. Mas um homem que obtém o Viagra de seu parceiro ou na rua pode não fazer a menor idéia de que essa é uma combinação perigosa.

Quando o Viagra saiu no mercado, em 1998, houve uma febre de admissões em pronto-socorros de homens que haviam desmaiado ou tido um colapso após tomar o remédio. Quase todos esses homens haviam tomado o Viagra mesmo tendo também tomado nitrato de algum tipo. Nenhum médico receitaria o Viagra para homens que também tomavam nitratos, porque essa é a única contra-indicação conhecida do Viagra. Mas esses homens que foram parar no pronto-socorro não tinham recebido receitas de Viagra de seus médicos: haviam recebido o remédio de seus amantes. Quase todos eram gay.

Fala-se tanto do Viagra e seu uso é tão freqüente que esquecemos que não é à toa que o Viagra é um remédio sob prescrição médica. Embora no geral o Viagra seja muito seguro, qualquer pessoa que o use precisa estar atenta a possíveis efeitos colaterais. Não é todo mundo que pode tomar o Viagra em quaisquer condições. Em particular, o Viagra nunca deve ser tomado junto com qualquer tipo de medicamento ou preparado com nitrato, pois essa combinação pode causar problemas sérios e deve ser evitada.

COMPARTILHANDO REMÉDIOS SOB PRESCRIÇÃO

O problema em compartilhar remédios sob prescrição é que pode haver boas razões médicas para um determinado homem não fazer um tratamento específico. Ou é possível que haja precauções que um médico aconselha a seu paciente que podem não ser repassadas ao parceiro. Ou a dosagem do medicamento pode ser diferente para homens diferentes.

Antes de o Viagra estar disponível, o problema era ainda maior no caso de homens compartilhando medicamentos sob prescrição para problemas de ereção. Nessa época, o tratamento mais comum eram as injeções penianas. Quanto pior a ereção, maior era a dose de medicamento necessária para obter uma ereção firme. No entanto, alguns homens com vasos sanguíneos normais no pênis podem ter uma reação extraforte mesmo a quantidades pequenas do medicamento.

Não era incomum, na época pré-Viagra, parceiros de pacientes gay irem parar no pronto-socorro com uma ereção que já durava doze horas ou mais. Embora possa parecer ótimo ter uma ereção que dure tanto tempo, o pênis começa a ficar irritado depois de cerca de três horas, e com o passar do tempo vai se tornando realmente dolorido. Esse problema é chamado de priapismo. Se o problema não é tratado nas primeiras quatro ou seis horas, os tecidos internos do pênis podem ser danificados, e o homem pode perder sua capacidade de ter ereções.

Num dos piores casos que já vi, um homem usou o medicamento injetável de seu parceiro e desenvolveu uma ereção que não passava. Depois de dois dias, ele finalmente procurou atendimento de emergência por causa da dor aguda. O pênis estava maciçamente inchado e descolorido. "Por que você não veio antes?", perguntei.

"Não era um remédio meu", ele respondeu. "Eu sabia que era estupidez usar as injeções, e achei que ia arranjar problema ao fazê-lo. Mas não posso mais." Consegui amolecer o pênis dele, mas suas ereções próprias jamais retornaram por completo.

COMO O MITO DO VIAGRA É SIMILAR EM RELACIONAMENTOS GAY

De muitas maneiras, as questões essenciais que surgem com os relacionamentos e a sexualidade são similares independentemente de a pessoa ser gay ou heterossexual. Todavia, há certas peculiaridades específicas de homens gay que se manifestam em relação ao Viagra e à sexualidade.

PERFORMANCE OU PERMANÊNCIA

Jimmy era um gay de 38 anos que veio me ver para tratar de uma circuncisão. Depois de discutirmos os prós e os contras do procedimento, Jimmy perguntou: "Você poderia também me dar uma receita de Viagra?".

"Por que, Jimmy? Você está tendo problemas com ereção?"

"Não, de forma alguma. Mas o Viagra é a arma, doutor. Transforma-me em um míssil termoguiado."

"Devo supor que você já o experimentou, então."

"Ah, claro, doutor. Todo mundo que eu conheço usa o Viagra sempre que pode. Está em toda parte nos clubes. Alguns caras o usam junto com outras drogas, como num coquetel, mas eu não."

"Bom, se é tão fácil para você arranjá-lo, por que me pedir uma receita?"

"O custo. Cem miligramas saem entre vinte e trinta dólares por pílula por aí, mas com uma receita me custaria apenas dez dólares."

"O que o Viagra faz para você, Jimmy? Por que você o chamou de 'a arma'?"

"O Viagra me deixa supercarregado. Na verdade eu não *preciso* do Viagra, mas sem dúvida ele ajuda a manter em alta A Lenda do Jimmy."

Jimmy nada tinha de incomum em seu desejo de estar "supercarregado", nem no que ele achava que o Viagra fazia por ele socialmente e também em termos do conceito que tinha de si mesmo. É mais uma vez o mito do Viagra: a idéia de usar uma pílula para melhorar ou mesmo resolver complicadas questões pessoais e de relacionamento.

No entanto, deve ficar evidente também que é pouco provável que o uso que Jimmy faz do Viagra fará com que ele chegue a um compromisso num relacionamento, ou mesmo que ele comece um relacionamento baseado em integridade, honestidade ou franqueza. Não que isso importe muito para Jimmy a esta altura de sua vida. Jimmy quer ser legal, transar, e ser visto como desejável.

Na cabeça de Jimmy, o Viagra o ajuda a atingir essas metas, e a maneira como ele descreve sua vida e o uso do Viagra é notavelmente isenta de ambivalência. Todavia, em algum momento Jimmy pode vir a querer mais da vida e de seus relacionamentos. Quando esse momento chegar, ele terá de enfrentar as mesmas questões de qualquer outro homem, gay ou heterossexual, que precisa equilibrar as pressões da performance social e sexual com o desejo de ser amado como de fato é.

O que significa para a auto-estima de um homem crer que ele seja atraente ou sexualmente adequado apenas se ele toma uma pilulazinha azul? Qual é o impacto de ele ter medo de se permitir ser amado apesar de suas inevitáveis imperfeições? Numa época em que um medicamento que pode realçar a sexualidade de cada um é tão fácil de ser obtido, como equilibrar a tentação de usá-lo com o desejo subjacente, ou talvez o medo, de simplesmente ser o que se é?

"Jimmy, receio que não vou poder lhe dar uma receita de Viagra."

"Tudo bem, doutor. Só achei que não custava perguntar", ele respondeu. Três meses depois, Jimmy voltou para fazer sua circuncisão. Disse-me que continuava usando Viagra, e ainda alimentando A Lenda do Jimmy.

FALTA DE DESEJO

Jay tinha 41 anos quando fez sua primeira consulta comigo. Era casado, e tinha uma filha de 12 anos. "Meu médico me disse para procurá-lo porque não tenho desejo sexual, e tenho osteoporose", explicou, usando o termo para a baixa densidade óssea que pode fazer com que traumas relativamente leves resultem em fraturas.

Jay era esbelto e bem arrumado, com o cabelo cortado rente à cabeça. Era primavera, e seu suéter estava perfeitamente em volta de suas costas, com as mangas perfeitamente amarradas em volta do pescoço. Sua calça cáqui exibia uma prega que fora cuidadosamente feita à mão. Jay tinha uma aparência que ficaria perfeita no South End de Boston, onde há uma florescente comunidade gay. Se ele não era gay, pensei, estava fazendo uma imitação perfeita de alguém que é.

Ao conversarmos, ficou claro que Jay tinha muitos dos sintomas de baixa testosterona, entre eles redução de energia e uma leve depressão. A osteoporose é menos comum em homens do que em mulheres, mas pode ser outro sinal de baixa testosterona.

"E como são as coisas para você, sexualmente?", eu indaguei.

"Minha mulher é ótima. Temos uma boa família, minha filha está indo bem na escola, e adoro estar em casa. No entanto, não tenho o menor desejo de fazer sexo com minha mulher."

"E quanto ao seu apetite interno por sexo?", perguntei. "Alguma vontade de se masturbar, por exemplo?"

"Na verdade, não. Não é estranho?", ele me perguntou. "Sinto-me completamente assexuado."

"Alguma outra parceira ou interesse por alguém fora de seu casamento?"

" Não, doutor", ele disse, surpreso. Sorriu. "Sou feliz no meu casamento! Para falar a verdade, de fato não me incomoda muito não fazer sexo com minha mulher há mais de um ano. Ela acha estranho, mas também não parece incomodá-la muito."

Os exames de sangue de Jay confirmaram os baixos níveis de testosterona, e prescrevi-lhe uma suplementação de testosterona. Como baixa libido é um sintoma clássico de baixa testosterona, eu estava confiante de que Jay iria notar um aumento no impulso sexual com o tratamento.

Quando Jay voltou, três meses depois, perguntei o que ele havia percebido. "É interessante, doutor. Minha energia decididamente aumentou, e consigo levantar mais peso na academia. Até mesmo acordo vez ou outra com uma ereção, o que eu não notava há anos. Mas não há mais desejo do que havia antes."

Jay insistiu em que não estava nem um pouco preocupado com sua falta de desejo, mas continuou com o tratamento de testosterona nos anos seguintes comigo, sobretudo para manter a melhora na densidade de seus ossos que ocorrera em função do tratamento. Uma vez por ano, Jay vinha para que eu o examinasse e pedisse exames de sangue, e em toda consulta eu lhe perguntava se ele queria algo que o ajudasse a fazer sexo com sua mulher.

"O que você tem que poderia me ajudar?", ele perguntou. A princípio, sugeri injeções penianas ou o dispositivo de vácuo, mas nenhum dos dois pareceu minimamente interessante para Jay. Quando os supositórios intra-uretrais tornaram-se disponíveis, ofereci-os também a ele. "Não, obrigado, doutor. Minha mulher e eu estamos bem. Minha filha vai indo bem. Há coisas mais importantes num relacionamento do que sexo", ele me dizia.

Quando o Viagra ficou disponível, há alguns anos, tivemos de novo a mesma discussão. Jay ficou mais interessado do que das outras vezes, mas de novo declinou. "Estou apenas curioso, porque ouvi falar e li muito sobre o Viagra", ele me disse. "Mas continuo sem nenhum desejo sexual real. Minha mulher e eu estamos bem, e minha filha está indo estudar em Dartmouth no próximo outono. Não há por que mexer no que está bem. Falamos de novo nisso no ano que vem."

No ano seguinte, Jay entrou todo corado e bastante alvoroçado. "É melhor você estar sentado quando ouvir isso", ele me avisou. "Tenho uma notícia e tanto."

"O que foi", perguntei ao me sentar, enquanto ele continuou de pé.

"Isso vai ser um choque para você!", ele me preparou. "Eu sou gay!", ele despejou.

"Uau!", eu disse, com genuína surpresa. A surpresa para mim não era Jay ser gay, mas que finalmente ele descobrira isso.

"Faço terapia há anos e, então, umas duas semanas atrás, foi como se uma luz se acendesse. Explica tanta coisa em minha vida!" Jay estava emocionado com sua descoberta, e eu estava contente por ele.

"Você conversou com sua mulher sobre isso?"

"Sim, e tudo bem para ela. Ela disse que não ficou muito surpresa. Conversamos sobre o assunto, e vamos continuar juntos. Temos um ótimo casamento, afinal."

"E quanto a sexo?", indaguei.

"Ah, isso!", ele fez pouco do assunto, como se fosse uma ninharia. "Continuo não tendo interesse. Mesmo sendo gay, pretendo continuar fiel a meus votos de casamento e à minha mulher. Nunca fiz sexo com um homem, e não tenho intenção de fazê-lo. Ser gay é um estado da mente e uma atitude, doutor. Não é uma exigência de que eu faça sexo com outros homens", ele me explicou.

Quatro meses depois, Jay voltou ao consultório, parecendo perturbado e agitado. "Preciso de uma receita de Viagra", ele anunciou assim que entrou.

"O que está acontecendo, Jay?"

"Estou saindo com alguém. Só de vez em quando, mas, meu Deus, tem sido intenso. Acho que estou apaixonado. Ou ardendo de desejo, não sei. Mas minha cabeça está girando, e preciso fazer alguma coisa."

"O que você quer dizer com 'preciso fazer alguma coisa'?"

"O nome dele é Maxwell. E é mais jovem que eu. Muito mais jovem. E com um corpo realmente em forma. Eu o chamo de meu Adônis. Estávamos fazendo sexo outro dia, e ele soltou um comentário sobre meu pênis não estar assim tão duro. Sempre brincamos e provocamos um ao outro sobre nossa diferença de idade, mas quando ele falou isso sobre meu pênis e me chamou de 'velho', me incomodou. Achei que eu estava me saindo até que bem, considerando que não fazia sexo há anos, e tudo era muito novo para mim.

"Depois disso, ele não atendia mais minhas ligações como antes. Quando começamos a nos ver, ele atendia na primeira vez que tocava quando eu ligava para ele. Agora, na maioria das vezes, ele não atende de cara e eu tenho de deixar um recado, e às vezes ele acaba ligando de volta só no dia seguinte. Acho que ele está saindo com outro. Provavelmente alguém mais jovem que eu. Eu realmente preciso desse Viagra!"

"Calma, respire fundo e vá mais devagar. Vamos voltar atrás um pouco. Como estão as coisas em casa?"

"Uma bagunça. Minha mulher falou para eu sair de casa. Ela chegou um dia em que o Maxwell estava lá, e não gostou nem um pouco. Eu tinha começado a sair um pouco, explorando minha nova identidade. Não vi razão nenhuma para não levar alguém em casa. Não estávamos fazendo nada, e é a minha casa também. Mas ela não quis nem saber. Disse que era muito incômodo para ela. Disse que não queria me negar nada que eu precisasse para me sentir realizado, mas isso não queria dizer que eu precisava esfregar o nariz dela nisso. Então eu saí de casa."

"E como você se virou com isso?"

"Mudei-me para um lugarzinho muito legal – bem caseiro. Lareira, tijolos aparentes, janela com sacada. Tive uma conversa franca com minha filha. Ela não recebeu muito bem e no momento não está falando comigo. Mas sei que ela vai acabar entendendo."

"Jay, muitas coisas aconteceram desde a última vez que o vi, três meses atrás."

"É, foi mesmo. E não menos importante entre elas foi que eu descobri o quanto gosto de sexo! Sinto-me como um animal agora. Exceto que aparentemente meu Adônis não concorda com essa avaliação. Ele é muito moleque, na verdade. Tem só 25 anos. Não sei por que eu me importo tanto com ele. Mas a idéia de que ele esteja com outro cara enquanto não atende minha ligação me deixa furioso!"

"Jay, você esteve com outros homens?"

"Sim, claro", ele disse sumariamente, como se fosse uma questão ridícula. Era difícil de acreditar que apenas três meses antes ele jurava não ter nenhuma necessidade de um relacionamento físico com um homem, que para ele bastava simplesmente admitir intelectualmente que era gay. "Até parti um ou dois corações", disse, com evidente orgulho.

"E seu pênis fica duro?"

"Sim, fica. E até que não fica pouco para um homem de 48 anos, eu poderia acrescentar. Mas 48 não é a mesma coisa que 28, é? Você vai me dar o Viagra, ou está apenas se preparando para me passar um sermão dizendo que um homem da minha idade não devia estar saindo com um menino de 25?"

"Jay, estou apenas me perguntando se não há algo nas enormes transformações e no estresse emocional dos últimos meses que esteja fazendo com que você se sinta vulnerável, em especial em seu relacionamento com Maxwell. Não dá para saber por que ele não está atendendo suas ligações tão rápido quanto antes, mas duvido muito que seja por causa da rigidez de seu pênis. Tenho sérias dúvidas de que o Viagra seja a solução no caso."

"Doutor, eu lhe imploro. Não sei mais o que fazer."

"Jay, você continua indo a seu terapeuta?"

"Não. Não vi mais necessidade depois que ele me ajudou a perceber que eu era gay."

"Bom, vou fazer um trato com você. Eu acho que é crucial que você tenha algum apoio agora que está passando por esse momento extraordinário mas difícil. Eu lhe dou um *six pack* de Viagra desde que você prometa ligar para seu terapeuta e combine de vê-lo de novo pelas próximas semanas. Feito?"

"Feito", ele respondeu, e apertou minha mão.

Duas semanas depois, Jay voltou. Começou a soluçar assim que entrei na sala. "Ele me largou. Assim, sem mais. Disse que precisava de alguém mais jovem que eu, com mais energia. Que moleque mais..." Mas Jay se recompôs, enxugou os olhos, e endireitou os ombros.

"O que aconteceu?"

"Já estávamos nas últimas quando vim aqui da última vez. Experimentei o Viagra. Não fez diferença, e me senti feito um viciado em drogas ao tomá-lo. Meu rosto ficou todo quente, minhas orelhas ardiam. Senti-me como se estivesse na cara que eu o tinha tomado. Dava na mesma ter posto na minha testa um cartaz: 'Idiota usando Viagra'."

"Tomar o Viagra me deixou bravo comigo mesmo e bravo com ele. Eu não podia acreditar que estava fazendo algo assim só para que um moleque ficasse impressionado sexualmente comigo."

"Jay, você não precisa de Viagra", eu disse a ele. Ele assentiu com a cabeça, concordando. "E tenho certeza de que não precisa do Maxwell também." Dessa vez Jay olhou para mim atentamente para escutar o que eu ia dizer. "As mudanças pelas quais você passou nos últimos meses são o bastante para deixar qualquer homem cansado: admitir que é gay, lidar com a separação de sua mulher, entender-se com sua filha, achar uma nova casa, explorar um novo estilo de vida. Você precisa é de um tempo! E de algum apoio. Você marcou com seu terapeuta?"

"Sim, vou lá amanhã."

"Ótimo. Tem mais alguém com quem você possa conversar?"

Jay sorriu. "Falei com a minha mãe. Ela foi incrível. Contei tudo a ela, e é tudo tão simples para ela. Disse que sou seu filho, que ela me ama e que isso é tudo o que importa." Jay pareceu mais calmo. "E tive uma conversa também com meu irmão mais velho. Ele sempre foi um cara durão, e nunca nos entendemos muito. Contei a ele, e ele foi legal comigo. Acabou que todo mundo a minha volta suspeitava o tempo todo que eu era gay. Exceto eu!"

Ficamos por um momento em silêncio. Jay levantou-se, e eu fiz o mesmo. "Obrigado, doutor. Você tem sido grande." Estendi minha mão, mas Jay me deu um abraço caloroso. Deu-me uns tapinhas nas costas, disse "obrigado, de novo", e foi embora.

Não fiquei sabendo mais nada de Jay até um ano depois, quando ele veio para seu acompanhamento anual. Estava morando com um homem, dessa vez apenas três anos mais novo do que ele, que trabalhava no mesmo ramo dele. Tinham se conhecido num *workshop* num fim de semana, e Jay parecia bastante feliz.

"Mal posso acreditar no drama que foi o ano passado", disse. "Meu mundo todo ficou de cabeça para baixo, e eu achei que podia resolver tudo num instante tomando Viagra para me tornar mais jovem. Minha vida está legal agora."

"Como estão as coisas com a sua filha?"

"Ótimas!", ele respondeu. "Ela é uma menina e tanto. Uma moça, suponho que deveria dizer. Conheceu meu amigo, Roger, e não tem o menor problema com a coisa toda. Estou me dando bem com minha mulher também."

"E o que aconteceu com seu impulso sexual?", perguntei, lembrando todos os anos em que ele estivera ausente.

"Está forte, doutor", Jay disse, sorrindo. "O que faz eu me perguntar se poderia ter estado forte mesmo quando minha testosterona estava baixa, se ao menos eu não estivesse vivendo uma mentira tentando ser heterossexual."

"Eu me pergunto também, Jay. Fico contente que tenha tudo dado certo para você. Fiquei preocupado no ano passado."

"Eu sei que você ficou, doutor. Obrigado por me ajudar a ver que eu não precisava basear minha felicidade numa pílula."

A ESSÊNCIA DA VIRILIDADE

Anton tinha 38 anos quando me procurou pela primeira vez em função de seus problemas de ereção. Era dono de uma empresa de consultoria e vivia com seu parceiro, Benito, também de 38 anos, havia cinco anos. Os dois eram HIV negativos, e Anton estava com boa saúde.

"Doutor, meu pênis não fica mais duro do jeito que devia. Tem sido assim por exatamente cinco meses. De fato, eu posso até assinalar o dia em que isso mudou para mim. Você acha que pode me ajudar?"

"Espero que sim, Anton. Diga-me, como o afeta o pênis ficar menos duro?"

"Sexualmente, você quer dizer?", e eu assenti. "Simplesmente não está certo. Um homem tem de ser de uma certa maneira, sentir de uma certa maneira."

"Que diferença isso fez quanto a fazer amor?"

"Acho que é algo mais mental do que qualquer outra coisa, doutor. Há algo em estar com o pênis realmente duro que é gostoso, por si só. Não foi um desses famosos poetas gregos gay que disse 'Um pênis duro é a essência do homem'"?

"Sei que é um círculo vicioso, porque o pênis fica de fato duro quando estou realmente excitado. Mas isso não tem acontecido já há algum tempo. Sinto falta disso e, para falar a verdade, estou preocupado se não há algo de errado comigo fisicamente. E também não ando muito entusiasmado em fazer sexo com Benito. Experimentei o Viagra umas duas vezes, mas não funcionou direito comigo."

"Como assim?"

"Bom, ele deixou meu pênis mais duro, mas eu não gostei da sensação. Era artificial. Sou um homem ardente, afetuoso. Não devia precisar de uma pílula para isso."

"Benito fez algum comentário sobre as coisas estarem diferentes sexualmente?"

"Não, mas não fazemos mais sexo do mesmo jeito. Ele faz um ou outro comentário sobre como me tornei lenha úmida, ou algo parecido."

"Lenha úmida?", perguntei, sem entender.

"Demora para pegar fogo", Anton explicou, com uma risadinha. "E às vezes não pega fogo de jeito nenhum! Mas sabe de uma coisa? A semana passada, fui eu quem tentou começar alguma coisa com Benito, e ele nada de ficar com o pênis duro. É tão estranho. É como se não soubéssemos mais como estar com o outro sexualmente."

"Anton, estou curioso com uma coisa que você disse antes. Você disse que provavelmente poderia indicar o dia em que tudo mudou para você, cinco meses atrás. O que aconteceu nesse dia?"

"Lembro muito bem, porque eu tinha acabado de conseguir um contrato importante no trabalho e estava me sentindo ótimo. Toda a minha vida eu quis ter uma empresa bem-sucedida, e lá estava eu, com isso de fato acontecendo, e Benito me veio com um golpe e tanto quando cheguei em casa."

"O que aconteceu?"

"Ele me disse que andara pensando sobre sua vida e decidira que queria ter uma cerimônia de casamento comigo, e considerar a possibilidade de adotarmos uma criança juntos. Disse que queria fazer isso o quanto antes. 'A vida está me deixando para trás, e eu quero fazer isso', ele disse. Ugh!"

"Por que isso era tão pouco atraente para você?"

"Bom, tem uma parte de mim que realmente gostaria de ter uma família. Meu pai foi excelente, e eu meio que assumi quando era adolescente que eu também desempenharia esse papel algum dia. Claro, ser gay implica alguns desafios quanto a isso." Ele olhou para o teto.

"Então fiquei emocionado quando ele me perguntou sobre isso. Foi a primeira vez que o assunto surgiu numa conversa. Eu quero me casar com Benito. Mas tenho minhas próprias idéias de como fazer isso. Quero que seja uma tremenda festa. Mas isso exige algum planejamento. Não dá para fazer de uma hora para outra, como Benito quer.

"De qualquer modo, eu me senti realmente pressionado quando ele me pediu. Disse a ele que não podia fazer isso agora, e o pior de tudo é que não fui muito decente em relação à coisa toda. Disse que não era justo da parte dele me pedir para deixar barato o sonho da minha vida só para dar um jeito em sua súbita descoberta de que estava ficando velho."

"Mas como isso se encaixa em seus problemas sexuais?"

"Tentamos fazer sexo naquela mesma noite para relaxar a tensão. Deu tudo certo, mas foi sexo ruim, e notei que meu pênis não estava lá muito duro. Nunca mais foi o mesmo desde aquela noite."

"Você voltou a conversar com Benito sobre a cerimônia?"

"Na verdade, não. Acho que Benito está com medo de voltar ao assunto, e eu nem sei ainda o que tenho a dizer a sobre isso."

"O que você gostaria de dizer?"

Anton respirou fundo. "Diria a Benito que sinto muito ter sido tão idiota na conversa da última vez. Qual o sentido de ser bem-sucedido se você não pode compartilhar com alguém que ama? E diria que quero uma cerimônia de compromisso também, mas com a presença de todo mundo que eu conheço. Uma festa de arromba: comida excelente, uma banda, dança. A coisa toda."

"E quanto a adotar uma criança?"

"Se Benito realmente quiser, farei isso também. Pode ser bem legal."

"Anton, você parece agora bem mais animado do que quando entrou. Você está falando sobre essas coisas como se só pensar nelas já lhe desse prazer."

"Você tem razão, doutor. Só falar nelas já dá uma sensação gostosa."

"Então, por que você não conversa com Benito?"

"Quando?"

"Que tal hoje à noite?"

Anton assobiou baixinho. "Uau. Essa vai ser uma conversa difícil. Mas eu realmente preciso esclarecer isso." Ele pareceu imerso em seus pensamentos por um momento. Então ele olhou direto para mim de novo. "Obrigado, doutor. Claro, Benito e eu precisamos conversar, e eu estava fugindo disso. Suponho que o que eu precisava era de um chute no traseiro. Mas você não está esquecendo nada?"

"O que seria?", perguntei.

"A razão de eu ter vindo aqui! O que vamos fazer para dar um jeito em minhas ereções?"

"Anton, acho que seu problema de ereção vai se resolver por si próprio se você conseguir ter uma conversa honesta e franca com Benito."

"Você realmente acha isso, doutor?", ele perguntou, não de todo convencido.

"Você vai ver acontecendo", assegurei-lhe.

Uma semana depois, recebi uma ligação de Anton. "Doutor, você tinha razão! Benito e eu tivemos uma conversa na noite do dia em que estive aí. Pedi desculpas, e ele mal pôde acreditar. Acho que eu nunca tinha me desculpado com ele antes. E, assim que passamos por nossa pequena catarse, senti as velhas sensações sexuais voltando."

"O que vocês vão fazer quanto à cerimônia?"

"Estamos pensando nisso. Tem sido uma diversão e tanto falar dela e planejá-la. Vai ser uma festa daquelas!", ele disse, com óbvio deleite.

APRENDENDO COM O VIAGRA

A coisa mais notável para mim, ao ouvir ao longo dos anos meus pacientes gay descreverem seus problemas sexuais e suas experiências com o Viagra, é como as questões essenciais são similares às dos homens heterossexuais. Há algumas diferenças, claro, mas sobretudo nos detalhes. Fazer sexo com outra pessoa, não importando o sexo dela, é ao mesmo tempo um impulso primal e um evento consciente que nos coloca questões sobre se somos atraentes, se podemos provocar amor e se somos capazes.

Uma semelhança entre homens gay e heterossexuais é a pressão que os homens sentem para ter um bom desempenho sexual. De fato, especialmente quando ainda não estão num relacionamento de longo prazo e com compromisso, os homens têm tendência a igualar sua atratividade e sua autoconfiança a suas capacidades no quarto. Existe então um desejo poderoso de usar algo que acentue suas ereções, e o Viagra tornou-se uma opção comum para isso.

A armadilha da ereção acentuada pelo Viagra é que ele não torna o usuário mais atraente como ser humano ou como parceiro potencial. Jimmy fala como se necessitasse manter uma certa imagem, a imagem do Super-Jimmy, e o Viagra o ajuda a obter isso em sua própria mente. Não posso deixar de me perguntar o que acontecerá se Jimmy se apaixonar por alguém que então descubra que ele estava usando secretamente o Viagra o tempo todo. A imagem inflada que Jimmy criou de si mesmo vai explodir, deixando para trás um amante decepcionado e um constrangido Jimmy.

Anton tomou o Viagra para consertar sua falta de ereções firmes e a diminuição de desejo por seu parceiro. Mas ficou decepcionado com o Viagra porque não lhe pareceu natural. Homens com problemas de relacionamento freqüentemente contam a mesma história quando tomam Viagra para resolver seu problema. "Não me pareceu certo", dizem, mesmo quando em muitos casos o pênis de fato ficou mais duro com o Viagra.

Anton não precisava de uma pilulazinha azul para deixar seu pênis firme. Como Jay, ele precisava resolver seus problemas pessoais e de relacionamento. Anton sentia que não estava sendo honesto nem com Benito nem consigo mesmo. O que Anton precisava era falar abertamente de seus sentimentos e desejos. Assim que ele fez isso com Benito, suas paixões normais e sua energia sexual foram restauradas.

Mesmo assim, *há* diferenças para homens gay. O fato de o amante compartilhar o mesmo tipo de equipamento sexual cria oportunidades para dividir experiências e descobertas sexuais, e existe uma familiaridade razoavelmente automática com o que o parceiro possa estar sentindo. No entanto, os homens são sensíveis a comparações quanto a tamanho e firmeza do pênis, e ter um parceiro com a mesma anatomia pode criar uma sensação de constrangimento se não se está inteiramente confiante consigo mesmo. O Viagra não muda o tamanho do pênis, claro, mas pode ajudar a reduzir a ansiedade com a performance que pode comprometer a rigidez.

O Viagra funciona muito bem para aumentar o fluxo sanguíneo para o pênis. Mas não é uma solução para preocupações sobre a própria adequação sexual, e não substitui a necessidade de comunicação aberta num relacionamento. Não há nada que substitua nos relacionamentos, gay ou heterossexuais, a honestidade, a franqueza e a integridade.

LIÇÕES

- Muitos homens, gay ou heterossexuais, usam o Viagra com a esperança de que uma ereção melhor os tornará sexualmente mais capazes, e portanto mais atraentes. Para gays no circuito intenso e com freqüência promíscuo dos clubes, pode haver forte pressão para que façam qualquer coisa para acentuar sua sexualidade. Usar o Viagra pode ser uma tentação poderosa.
- Como acontece com os homens heterossexuais, o custo emocional de tomar o Viagra dessa maneira é que ele retira dos homens gay a capacidade de se sentirem interessantes e atraentes simplesmente por serem como são. Além disso, há o risco da exposição e da humilhação se um parceiro descobre que o homem estava usando o Viagra secretamente para impressionar o outro.

- Homens que tomam o Viagra sem realmente ter necessidade freqüentemente sentem que se comprometeram de algum modo essencial. "Por que eu fui fazer isso?", eles se perguntam.
- Fazer sexo com outro homem acrescenta um elemento de pressão, já que o parceiro é também "proprietário de um pênis" e um "perito em pênis". Qualquer grau de ansiedade com a performance ou constrangimento em relação à aparência ou rigidez do pênis será provavelmente maior num relacionamento gay por causa disso.
- Compartilhar o Viagra ocorre comumente em relacionamentos gay, já que ambos os parceiros são homens. Como regra geral, é um equívoco compartilhar medicamentos sob prescrição, particularmente porque o paciente real pode não estar informado das circunstâncias que podem criar problemas médicos. Com o Viagra, a questão crucial é nunca combiná-lo com nitratos de nenhuma espécie, inclusive nitrato de amila ("poppers"). A terapia de injeções penianas pode causar sérios problemas se não for feita sob a supervisão cuidadosa de um médico, e esse tratamento jamais deve ser compartilhado em circunstância alguma.
- O Viagra é um tratamento para ajudar o sangue a fluir para o pênis. Não é um tratamento para problemas pessoais ou de relacionamento. O Viagra provavelmente será decepcionante se um homem gay o tomar para salvar um relacionamento que está desmoronando, ou porque há problemas no relacionamento que criaram uma perda de paixão e da intensidade sexual.
- Os homens, tanto gay quanto heterossexuais, tendem a dar muita ênfase ao valor de um pênis firme, particularmente em relacionamentos. Integridade, honestidade, calor, afeto, consideração e franqueza são qualidades de um parceiro interessante e atraente, e são muito mais importantes do que um pênis estar "supercarregado" ou não.

CAPÍTULO 8

O VIAGRA E O CÂNCER DE PRÓSTATA

A MAIS FAMOSA máxima na medicina é a frase latina *primum non nocere*, que significa "primeiro, não faça mal". E no entanto, apesar disso, médicos têm de assumir a responsabilidade de fazer com que um grande número de homens em seus 50, 60 e 70 anos se tornem impotentes. Não é a intenção deles, claro, mas é o que acontece. Eles fazem isso em nome de curar o câncer, especificamente o câncer de próstata.

O câncer de próstata é o mais comumente diagnosticado nos Estados Unidos, e a segunda causa mais comum de morte por câncer, depois do câncer de pulmão. Nos últimos dez a quinze anos houve notáveis avanços na detecção e no tratamento do câncer de próstata, mas muitos homens evitam procurar o médico por preocupações com a próstata, por medo de que, se forem diagnosticados como tendo câncer, será o fim da vida deles "como homens". O câncer de próstata é tão comum nos Estados Unidos que quase todos os homens com mais de 55 anos conhecem alguém que foi tratado. Embora muitos homens continuem capazes de ter suas ereções naturais depois, muitos outros terão problemas com ereções.

Os tratamentos para o câncer de próstata resultam em cura para a maioria dos homens, particularmente se o câncer tiver sido identificado cedo. Mas, assim que os homens superam o choque do diagnóstico e do tratamento, eles me procuram para tratar de problemas sexuais. Alguns já experimentaram o Viagra, e outros querem saber se ele pode ser uma solução para eles.

Como o mito do Viagra se manifesta para homens que foram tratados de câncer de próstata? É verdade que uma pílula pode desfazer o dano provocado por cirurgia ou pela radiação? O que pode um homem fazer para retomar sua vida sexual se ele esbarrar na parte falsa do mito do Viagra? E como uma mulher lida com a necessidade de apoiar seu parceiro enquanto ainda deseja um nível satisfatório de intimidade física?

AVANÇOS NO TRATAMENTO

Atualmente, uma das operações mais comuns nos Estados Unidos é a prostatectomia radical, a cirurgia para remover a próstata cancerosa. Mas em 1984, quando comecei minha especialização em urologia no Programa de Urologia de Harvard, no prestigiado Brigham and Women's Hospital de Boston, quase não se faziam operações para o câncer de próstata. Homens que eram diagnosticados com câncer de próstata eram tratados com radiação ou então não recebiam nenhum tratamento.

A razão para isso era que a cirurgia era difícil, complicada, e associada a uma alta taxa de complicações. Essas complicações incluíam impotência em praticamente todos os casos, bem como uma incidência inaceitavelmente alta de vazamento urinário grave, que exigia que os homens usassem pregadores em seus pênis para que não ficassem pingando.

A impotência resultava dos danos, durante a cirurgia, aos nervos que controlam a ereção, já que estes passam bem junto da próstata, um em cada lado dela. Na época de minha especialização, ninguém tinha uma idéia clara de onde os nervos eram localizados e de como eles poderiam ser salvos ao se remover a próstata.

Pacientes insatisfeitos deixam os cirurgiões insatisfeitos, e, por causa da alta taxa de complicações, a maioria dos urologistas evitava fazer cirurgia para câncer de próstata, até que um avanço considerável ocorreu nesse campo.

A CIRURGIA PRESERVADORA DOS NERVOS

O avanço que tornou a prostatectomia radical aceitável ocorreu na primeira metade da década de 1980, quando um urologista da Johns Hopkins University chamado Patrick Walsh concebeu um modo de fazer a cirurgia de maneira a minimizar a perda de sangue e o vazamento de urina. Mas o avanço mais importante foi que o dr. Walsh conseguiu identificar os dois nervos que controlam a ereção e passam pelos dois lados da próstata e descobriu uma maneira de preservá-los. (A propósito, esses nervos próximos à próstata não têm relação com aqueles que controlam as sensações sexuais do pênis ou a capacidade de ter um orgasmo. Esses nervos sensórios não são afetados pela cirurgia, e nunca foram.)

Ele chamou esta técnica de prostatectomia radical preservadora dos nervos e, notavelmente, os homens eram capazes de ter ereções de novo após a cirurgia. À medida que outros urologistas foram aprendendo a fazer a operação, a prostatectomia radical tornou-se o principal tratamento para o câncer de próstata. Tanto médicos quanto pacientes gostavam da idéia de a glândula cancerosa ser inteiramente removida com a cirurgia, que trazia também o benefício de permitir que se avaliasse se o câncer havia se espalhado para os nódulos linfáticos vizinhos. Os cirurgiões adotaram a operação assim que perceberam que não estariam sujeitando todos os seus pacientes a uma inevitável impotência ou a um alto risco de transtorno urinário. Atualmente são feitas aproximadamente 60 mil operações para câncer de próstata por ano nos Estados Unidos, a maioria do tipo que preserva os nervos.

Infelizmente, as expectativas em relação ao sucesso da cirurgia preservadora dos nervos têm sido indevidamente altas. Alguns centros relatam uma taxa de 80% no retorno das ereções, o que leva muitos homens a fazer a cirurgia, mas cria muitas decepções. Estudos em que os homens são perguntados se acham que têm ereções adequadas para o sexo mostram que em torno de metade dos homens com menos de 60 anos tem um retorno adequado das ereções, mas essa cifra cai para 20% ou 30% para homens com mais de 60 anos.

MITO E REALIDADE NA RESTAURAÇÃO DA FUNÇÃO ERÉTIL

Uma pergunta que ouço habitualmente é: "Se o cirurgião preservou meus nervos, como minhas ereções não voltaram?". Vou explicar.

Uma ereção ocorre quando o cérebro diz aos vasos sanguíneos para irrigarem o pênis com sangue. Esse sinal é transmitido através dos nervos pélvicos, que passam pelos dois lados da próstata. Esses dois nervos ficam tão rentes à próstata que, para preservá-los, o cirurgião tem de dissecá-los delicadamente da parede lateral da próstata. Pode ser difícil identificar os nervos em alguns casos, e nem sempre é fácil preservá-los. Se ambos os nervos são cortados ou danificados, é impossível ter uma ereção espontânea porque os vasos sanguíneos no pênis nem ficam sabendo que deveriam estar criando uma. Se um nervo é preservado, a ereção é possível, mas a taxa de sucesso é de apenas 20%. Se ambos os nervos são preservados, o sucesso é maior, mas ainda assim não maior do que 50% com praticamente todos os cirurgiões.

Por que o cirurgião não tenta *sempre* preservar ambos os nervos para dar ao homem a maior chance possível de ter suas ereções de volta? A razão é que há um risco de deixar câncer sobrando ao tentar separar os nervos do lado da próstata. Uma regra geral nas cirurgias de câncer é remover o máximo possível de tecido de aparência normal nas imediações do tumor ou da estrutura cancerosa, de modo que qualquer disseminação nos tecidos adjacentes possa ser removida ao mesmo tempo, sendo em alguns casos o que permite a cura. Como os nervos da ereção nos dois lados da próstata são muito rentes, preservá-los significa que não se pode remover tecido extra, e há um pequeno mas significativo risco de também deixar ali células cancerosas.

Esse é o dilema do cirurgião mas também o do paciente informado que quer participar da tomada de decisões a seu respeito. Tirar a próstata com uma ampla margem de tecido normal aumenta a probabilidade da completa remoção do câncer daquele lado, mas reduz a chance de ter ereções depois, e elimina qualquer chance se uma margem ampla é tirada dos dois lados. Preservar os nervos permite a possibilidade de ereções adequadas depois, mas com o risco de deixar quantias microscópicas de câncer daquele lado.

Possivelmente, não há nenhuma outro processo de decisão na medicina que seja muito parecido com esse, que opõe diretamente a esperança de funcionamento sexual contra fazer a operação de câncer mais segura possível. Não quero sugerir que os homens que se submetem a operações preservadoras dos nervos correm alto risco de recorrência do câncer. Mas a questão não é insignificante, e há líderes respeitados na especialidade que se opõem inteiramente à técnica de preservação dos nervos, argumentando que seu nome está errado e seria mais adequado chamá-la de "preservadora do câncer", por causa do risco evitável de deixar algum resto de câncer.

A decisão de fazer uma preservação de nervo unilateral (de um lado só), preservação de nervo bilateral (ambos os lados) ou nenhuma preservação de nervo é influenciada por vários fatores, entre eles a extensão e a agressividade aparentes do câncer. O câncer de próstata grave tem tendência a se insinuar além da cápsula da glândula, usualmente ao longo do percurso dos nervos, e a preservação dos nervos pode ser pouco recomendável nesses casos. Homens com níveis altos do indicador de câncer chamado PSA (*prostate-specific antigen*, antígeno específico de próstata) também correm um risco maior de disseminação para fora da cápsula da próstata e podem não ser os melhores candidatos à preservação dos nervos. Outros homens podem ter um nódulo que faz com que o cirurgião não se arrisque a preservar um nervo desse lado.

Mas por que as ereções não funcionam em metade ou mais dos homens que tiveram os nervos preservados? Em alguns casos, isso ocorre porque os nervos foram irreparavelmente danificados, apesar do máximo esforço do cirurgião em poupá-los. São estruturas delicadas, e não há modo confiável de verificar se estão bem durante a cirurgia. É uma avaliação inteiramente na base do espere-e-veja: o retorno das ereções é o único exame verdadeiro.

Em outros casos, o problema pode não estar nos nervos, mas nos vasos sanguíneos que fornecem o fluxo maior e a intumescência do pênis durante ereções satisfatórias. Esses vasos sanguíneos às vezes não funcionam apropriadamente depois da cirurgia de câncer de próstata, e ninguém parece realmente compreender por que isso acontece. No entanto, numerosos estudos realizados em homens que eram normais antes da operação, mas que têm ereções ruins depois da cirurgia com preservação bilateral dos nervos, mostram de fato que a capacidade das artérias penianas para encher o pênis com sangue pode ser prejudicada. Claramente há ainda muito a aprender sobre a reação do corpo a esse tipo de cirurgia, e resta um campo considerável para melhoras.

"SIM, MAS VOCÊ CONSEGUE ENFIAR LÁ DENTRO?"

Há uma velha piada que diz o seguinte: "A família Jones espera nervosamente notícias de como foi a operação de emergência de seu idoso patriarca. Finalmente, após várias horas de ansiedade, o cirurgião encontra a família na sala de espera do hospital. "A operação foi um completo sucesso", informa ele à família, com óbvia satisfação. "Infelizmente, o sr. Jones morreu."

Algo similar a essa falta de conexão entre as percepções dos cirurgiões e as dos pacientes ocorre no campo da cirurgia preservadora dos nervos. O *Boston Globe* recentemente publicou um artigo no qual homens de um grupo de apoio a pacientes de câncer de próstata expressavam seu ressentimento contra os cirurgiões porque achavam que tinham sido mal informados sobre a probabilidade de terem ereções adequadas após a operação. "Por que os cirurgiões mentem sobre suas taxas de sucesso?", reclamava um sobrevivente ao câncer impotente que fora submetido a um procedimento preservador dos nervos. Essa é uma crítica muito áspera, mas a discrepância entre o que os cirurgiões dizem e o que os pacientes vivenciam é preocupante. A explicação tem muito a ver com como se define sucesso.

A definição original de sucesso na preservação dos nervos era o pênis ficar duro o suficiente para a penetração, mesmo que acontecesse apenas uma vez. Um eminente cirurgião que tinha enorme orgulho de suas cirurgias preservadoras de nervos teve sua conversa telefônica com um paciente, na qual discutiam se a operação funcionara, ouvida por acaso. "Sim, mas você consegue *enfiar* lá dentro?", perguntou ele ao paciente. Se a resposta tivesse sido sim, teria contado como um sucesso. Todavia, nenhum homem com uma ereção "enfiável" vai sair por aí se achando um grande amante. Mas, se o pênis se enche de sangue por meio de estimulação ou excitação, então ao menos um nervo deve estar intacto, e o cirurgião pode declarar que foi um sucesso.

Os primeiros resultados do retorno das ereções depois da cirurgia preservadora dos nervos foram todos apresentados por cirurgiões, interpretando o que seus pacientes lhes diziam em seus consultórios. Essas taxas de sucesso eram todas muito altas. Mas, quando alguma pessoa que não fosse o cirurgião falava com os pacientes e definia como sucesso o fato de estes considerarem ter ereções adequadas, os resultados eram bem menos impressionantes.

EM COMPASSO DE ESPERA

Um dos aspectos mais difíceis da cirurgia preservadora dos nervos é que, mesmo que as ereções de fato retornem, pode levar um ano ou mais para que isso ocorra. Enquanto isso, o pênis fica sempre flácido, e o homem precisa esperar para ver se caiu no grupo dos sortudos. A razão é que os nervos podem levar todo esse tempo para se recuperar da cirurgia, ou, em alguns casos, para de fato se regenerarem após algum dano. "Eu acordo toda manhã e olho embaixo do cobertor atrás de sinais de vida", contou Andy, que passara por uma cirurgia seis meses antes.

Uma proporção substancial dos homens que de fato têm o retorno das ereções começa a notar "sinais de vida" só depois de entre nove e doze meses, de modo que um pênis completamente "morto" durante todos esses primeiros meses não significa muito. Mas ficar em compasso de espera tem um preço. Um estudo publicado vários anos atrás mostrou que muitos homens demonstram sintomas de depressão que só se manifestam doze meses depois da cirurgia de câncer de próstata. Tenho certeza de que a explicação é que os homens se agarram durante doze meses à esperança de que suas ereções retornem, e então ficam devastados ao perceber que têm agora um pênis que não responde. Disseram a eles que precisavam esperar um ano para saber se suas ereções retornariam. Quando o aniversário da cirurgia passa, eles abandonam a esperança e têm de enfrentar o fato de que agora são impotentes.

O VIAGRA FUNCIONA?

Mesmo que o homem e seu cirurgião estejam ambos esperançosos de que as ereções acabem retornando, não há razão para que ele não deva ter alguma ajuda enquanto espera. O Viagra é a solução óbvia. "Dê-me alguns desses *six packs* de Viagra", Randall insistiu quando veio me ver dois meses depois da cirurgia. "Funcionava antes da cirurgia, então tenho certeza de que vai funcionar agora." Infelizmente, não é assim tão simples, ou assim tão eficaz.

O Viagra funciona intensificando o sinal nervoso no pênis para criar uma ereção. Se ambos os nervos foram danificados, e não há esse sinal, então o Viagra não tem como intensificá-lo. O Viagra simplesmente não funciona se nenhum dos nervos foi preservado durante a cirurgia.

Mesmo que os nervos *tenham* sido preservados, os resultados estão longe de ser gloriosos. O Viagra resgata ereções adequadas em cerca de 40% a 50% dos homens impotentes em que ambos os nervos foram preservados, e apenas cerca de 25% se um dos nervos foi preservado. É verdade, no entanto, que leva um tempo para que os nervos cresçam de novo, ou cicatrizem. Como o Viagra precisa desses nervos para o sinal, os homens em que o Viagra não funcionou devem decididamente tentar de novo vários meses depois, quando terão a chance de uma reação muito melhor. Na minha experiência, no entanto, o Viagra não tem a menor chance de funcionar a menos que o homem já tenha começado a notar algum "sinal de vida" embaixo do cobertor, mesmo que seja apenas um pênis um pouco mais cheio.

RADIAÇÃO E SEMENTES

À medida que a decepção com a cirurgia se tornou mais divulgada, os homens passaram a voltar ao tratamento anterior para o câncer de próstata: terapia com radiação. A forma padrão de terapia com radiação é chamada de terapia de irradiação externa e consiste em cerca de dois meses de aplicações diárias, mais ou menos como uma radiografia prolongada focalizada na próstata e na área em torno dela na pélvis. É indolor, mas pode causar irritação nos intestinos e na bexiga; o homem pode passar a ter movimentos intestinais e urinação freqüentes, e ter sangramentos por esses dois motivos.

Em contraste com a cirurgia, que faz com que o homem se torne impotente imediatamente, mesmo que as ereções eventualmente retornem, a radiação em geral não afeta as ereções por um bom tempo. Como o sexo não parece ser afetado pela radiação logo em seguida, os homens com freqüência têm a impressão de que esse tratamento é melhor para aqueles que querem manter seu funcionamento sexual.

Infelizmente, a radiação também traz problemas para as ereções. Só que os efeitos negativos podem ser retardados por um período entre doze e 24 meses. Quando as ereções começam a enfraquecer, o processo tende a ser gradual, por ser separado por um período de tempo do tratamento com radiação, muitos homens que passam por isso podem até mesmo nem reconhecer que a radiação talvez seja a culpada. No entanto, alguns estudos mostram claramente que depois de dois anos as taxas de ereção são similares para a radiação e para a cirurgia.

Surgiu uma nova forma de tratamento por radiação, chamada de braquiterapia, ou terapia com sementes. Nesse tratamento, bolinhas minúsculas (as "sementes") são inseridas por toda a próstata enquanto o homem está sob anestesia geral. A radioatividade age em pequenas áreas nas imediações de cada uma delas, e toda a próstata é tratada por meio da colocação adequada de múltiplas sementes. Depois de alguns meses, a radiação já se dissipou.

Os homens gostam desse tratamento porque é um evento de uma só vez, e eles podem então continuar suas vidas. Há também em teoria uma vantagem em termos de efeitos colaterais, já que a radiação ficaria localizada apenas na próstata, poupando o pênis. No entanto, até agora isso não pareceu ser verdade. Claramente, alguns homens de fato mantêm suas ereções depois da braquiterapia, mas também já vi muitos homens que tiveram problemas de ereção depois desse tratamento.

O Viagra funciona para muitos homens que têm problemas de ereção após terapia com radiação ou terapia com sementes, em particular se o problema é simplesmente um certo grau de diminuição da firmeza. Mas, para mim, o mais importante é que os homens e suas parceiras saibam que, mesmo quando o Viagra não funciona, sempre há uma maneira de os homens conseguirem voltar a ter relações sexuais satisfatórias. O tratamento de problemas sexuais de homens com câncer de próstata não começa nem termina com o Viagra. Vejamos como esse processo se desenrola emocionalmente para os homens e suas parceiras.

"NÃO POSSO ESPERAR PARA SEMPRE MEUS NERVOS CRESCEREM DE NOVO!"

Earvin era um homem casado de 63 anos que me procurou seis meses depois de uma prostatectomia radical. Fui indicado a ele por um colega que faz cirurgia de câncer de próstata mas não se interessa em tratar dos problemas de ereção que dela decorrem. (Não há nada de errado nisso, cabe dizer. Ao indicar a seus pacientes alguém apropriado ele está, de certo modo, tratando do problema. É só que ele não se interessa em tratar de questões sexuais. Mas, de prostatectomia radical, sim, e ele é excelente nisso.)

"Doutor, realmente preciso da sua ajuda", disse Earvin, com sua mulher, Jacquie, sentada em silêncio a seu lado. "Sou grato ao meu outro médico por ter descoberto meu câncer ainda no começo, e pelo visto parece que estou curado. Mas, sem minhas ereções, me sinto um velho. O cirurgião me disse que a ereção pode não voltar até um ano ou mais depois da operação. Mas já faz oito meses. Não posso esperar para sempre meus nervos crescerem de novo! Tenho uma bela e jovem esposa, e preciso poder cuidar dela." Jacquie discordou gentilmente, seus olhos brilhando.

"Doutor, tenho um amigo que fez cirurgia de próstata. Ele confia totalmente no Viagra. Diz que é uma fonte da juventude, em especial depois do câncer na próstata. Então eu apoquentei meu outro médico até ele me dar uma receita, mas não adiantou coisa nenhuma. Como é que é isso? Achei que o Viagra sempre funcionasse! Agora estou um caco. Tenho medo de que, se o Viagra não funciona, também não há a menor esperança de que minhas ereções retornem. Há alguma esperança para mim? Ainda não estou pronto para ser posto para pastar."

ENCONTRANDO O MELHOR TRATAMENTO

Earvin fizera tudo certo ao tomar o Viagra. Só que não era a solução para ele naquele momento.

"Earvin", eu disse, "seu médico estava certo em dizer que suas ereções podem estar de volta daqui a alguns meses. Mas não há razão para você ficar esperando. Você devia estar fazendo sexo o quanto antes!"

"Doutor, eu sabia que ia gostar de você assim que entrei em seu consultório!", ele exclamou, e olhou satisfeito para Jacquie. Fiz com que Earvin aprendesse a se dar as injeções, e no final de sua terceira consulta ele parecia a caminho da recuperação espiritual.

Earvin e Jacquie retornaram depois de três meses. Extraordinariamente, Earvin *de fato* parecia mais jovem. "Ei, doutor. Essas suas flechinhas envenenadas são fantásticas. Minha senhora e eu estamos muito gratos a você por nos ter dado uma versão da fonte da juventude. Fazemos sexo como antes. Para falar a verdade, as ereções agora são até melhores das que eu conseguia por conta própria antes da cirurgia. Quem diria que algo assim seria possível?", ele se gabou. "E, de vez em quando, sinto que minhas próprias ereções podem ser igualmente boas assim. Eu me pergunto se as ereções não fizeram algo pegar no tranco aqui embaixo."

Contei a Earvin sobre um estudo italiano a respeito de homens que tiveram um retorno melhor de suas próprias ereções depois das injeções penianas. "Contudo o mais provável, Earvin, é que os nervos em seu pênis estejam começando a ficar bons e a fazer as conexões apropriadas de novo. É inteiramente possível que logo você possa parar com as injeções de vez ou que o Viagra passe a funcionar para você agora."

Os olhos de Earvin se arregalaram. Para alguns homens, o Viagra tem essa aura de criar super-homens, e Earvin pareceu intrigado. "Doutor, o Viagra que eu tinha acabou, mas realmente gostaria de experimentá-lo de novo se você acha que ele pode funcionar. Você me daria uma receita?"

"Com certeza, Earvin, gostaria muito que você o experimentasse."

"Trate de me dar a dose mais forte possível", ele disse, piscando para mim. Earvin deixou cair sua mão pesada no joelho direito de Jacquie e o balançou, como que preparando-a para uma nova aventura juntos.

Vários meses depois, Earvin voltou para uma consulta de rotina. Como sempre, com Jacquie a seu lado.

"Consigo uma ereção meio firme sozinho agora, doutor, mas não é grande coisa. Eu ainda uso as injeções na maioria das vezes, mas de vez em quando consigo dar conta sozinho, sem usar nada. Dou o crédito a minha senhora aqui, porque se ela não fosse tão bonita, eu *sei* que teria sido impossível para mim." Jacquie enrubesceu com o elogio, como parecia fazer toda vez que Earvin falava desse jeito.

"E quanto ao Viagra?", perguntei.

"Ah, desistimos dele", Earvin respondeu. "Ele ajudava, mas Jacquie e eu preferimos que o sexo seja *espontâneo*!", ele disse, enfatizando a última palavra como se fosse a chave de sua vida.

"Mas Earvin, como o sexo pode ser espontâneo se você usa as injeções?", perguntei.

"Doutor, a seringa só demora um instante. Jacquie gosta de um tempo no banheiro antes de a coisa ficar realmente quente, quando ela sai, eu estou pronto para ela. Com o Viagra, precisávamos prestar atenção no horário e nas refeições, e isso não era com a gente." Eu já ouvira isso de outros pacientes, mas achei fascinante que um homem pudesse vivenciar uma injeção em seu pênis como espontânea.

"Não fique triste por causa do Viagra, doutor", ele continuou, como se tivesse percebido algum desapontamento de minha parte. "Jacquie ainda me acha um tigre sem ele, e eu me sinto um homem jovem de novo. Você fez bem para mim, doutor. De verdade."

ALVIN E SUA SEGUNDA CHANCE

Alvin tinha 46 anos quando veio me ver. Ele era um executivo de alto escalão numa companhia de serviços financeiros, tentando chegar ao topo. Numa reunião recente entre o CEO e seus lugar-tenentes, o CEO descrevera como seu câncer de próstata havia sido detectado pelo exame de sangue para PSA e como isso tinha salvado sua vida pelo fato de o câncer ter sido detectado tão cedo. O CEO sugeriu que todos os homens na sala checassem seu PSA também.

Embora Alvin tivesse menos de 50 anos, a idade recomendada para se começar a monitorar o câncer de próstata, ele foi em frente e pediu a seu médico o exame numa consulta de rotina. E, de fato, seu PSA estava anormalmente alto, e uma biópsia revelou o câncer. Além disso, o câncer era do tipo agressivo.

O urologista que Alvin consultou recomendou-lhe que se submetesse à cirurgia para remoção da próstata e, como o câncer parecia tão agressivo, ele recomendou também que nenhuma tentativa fosse feita para preservar os nervos: fazer isso seria correr o risco de deixar as células cancerosas próximas no corpo. Fui indicado a Alvin para lidar com os problemas sexuais que ele certamente teria depois da cirurgia.

ISOLAMENTO E DESESPERO

Alvin viera sozinho para sua consulta. Era divorciado, com dois filhos adolescentes. Estava vestido impecavelmente, com um caro terno de risca-de-giz e sapatos finos. Estava falando em seu celular quando entrei, mas imediatamente disse: "Preciso desligar", fechou o telefone e o guardou.

"Doutor, não consigo acreditar que isso está acontecendo comigo. As três últimas semanas passaram como um borrão. Um dia estou ótimo, e no seguinte tenho câncer. Então em seguida fico sabendo que, se quiser continuar vivo, tenho de desistir de minha vida sexual para sempre. Ou ao menos do jeito que a conheço. O outro médico disse para eu vir vê-lo antes da cirurgia para 'ser informado', como ele disse, sobre o que o futuro pode me reservar em matéria de sexo."

Alvin tinha uma conversa agradável, e era fácil identificar-se com sua situação e sua angústia. Ele amava seus filhos e basicamente passava a maior parte da semana ou com eles ou trabalhando até tarde. Tinha uma namorada de 32 anos, do Brasil, e eles se viam apenas uma vez por semana ou menos.

"Minha vida sexual agora tem sido melhor do que jamais foi em minha vida, doutor. Cara, eu gostaria de ter sabido dessas coisas quando tinha dezoito anos", ele ponderou. "Essa garota com quem estou saindo, Claudia, ela é quente. É cheia de vida. Está sempre disposta a fazer sexo comigo. É fantástico. Com ela eu não sinto que tenho 46. O que eu vou fazer agora?", ele perguntou. "Graças a Deus existe o Viagra para mim, certo?"

"Alvin, é importante que você saiba que essa operação de forma alguma significa que vai ser o fim de sua vida sexual. Mas é pouco provável que o Viagra seja a solução para você."

"O que você quer dizer, doutor? Todo mundo sabe que o Viagra é a coisa certa. Eu até o experimentei algumas vezes com Claudia. Me deu uma sensação gostosa no pênis. Se funcionou uma vez, vai funcionar de novo, certo?"

"O problema, Alvin, é que, depois dessa operação, os nervos que controlam a ereção serão cortados, e o Viagra precisa que esses nervos estejam em ordem para fazer efeito."

"O que você está dizendo?", Alvin perguntou, pasmo. "Você está me dizendo que o Viagra não vai funcionar para mim? O que eu vou fazer então?", perguntou, numa agitação crescente.

"Alvin, tenho certeza de que você vai ser capaz de fazer sexo de novo de um modo que será satisfatório para você. Mas é pouco provável que o Viagra, ou qualquer outra pílula, seja o caminho a seguir."

Alvin se recostou, olhou para o chão, e então de volta para mim. "Quando eu deixei minha mulher há alguns anos, não foi uma decisão precipitada, mesmo que ninguém pareça tê-la entendido. Eu tinha que começar de novo a minha vida. Estava infeliz. Fico contente de tê-lo feito, mas tem sido difícil. Muita solidão. Não vejo meus filhos o suficiente, mas do que sinto mais falta é de companhia feminina.

"Nunca me senti uma pessoa atraente quando estava casado. Minha ex-mulher me criticava em tudo – as roupas que eu usava, o jeito de eu falar. Embora tenhamos feito muito sexo quando nos conhecemos, parou quase que completamente no dia em que casamos. É como as piadas que se contam, mas foi verdade para mim e não teve graça nenhuma.

"Mas, assim que eu consegui ter de novo minha vida, comecei a encontrar mulheres também. Foi então que conheci Claudia. Ela é passional e divertida, completamente diferente de minha ex-mulher. Eu me sinto ótimo por ela querer estar comigo. E o engraçado é que ela me acha um grande amante! Gosto disso. Agora, aqui estou eu, com 46 anos, solteiro, sozinho, exceto por essa garota quente, e tenho de tomar essa decisão entre ter o câncer removido ou fazer com que minha vida sexual dure mais um pouquinho. Não é justo. Não estou pronto para morrer, e não estou pronto para ser um velho."

De repente, o corpo de Alvin estremeceu todo, como se ele estivesse tendo uma convulsão. "Estou com medo", ele sussurrou, e olhou para mim, concentrando-se em meus olhos.

"Você está com medo do quê, Alvin?"

"Estou com medo de morrer. Estou com medo de que Claudia não vá querer nada comigo se eu não puder ter uma ereção normal. Estou com medo de que, se ela me largar, de jeito nenhum vou achar alguma outra mulher normal, sem nem falar numa sexy como Claudia."

A CURA PELA CONVERSA

"Alvin, você tem muito com que lidar agora. Vou dizer como posso ajudá-lo. Em termos médicos, você precisa entender que sem a menor dúvida será capaz de fazer sexo de novo, embora não vá ser exatamente como é agora. Mas, em termos emocionais, fica claro para mim que você precisa de algum apoio. Tem alguém com quem você possa conversar? Claudia, talvez?"

"Na verdade, não. Tenho amigos, mas não me sentirei à vontade com eles falando disso. Quanto a Claudia, só conversamos sobre planos para o fim de semana ou filmes. Nada pessoal. Acho que eu a mantenho a distância. Tenho medo de afastá-la se falar sobre coisas emocionais. Ela iria me achar fraco."

"Você poderá ficar agradavelmente surpreso com o jeito como ela reagirá."

Expliquei-lhe sobre injeções penianas, implantes e dispositivos de vácuo "Há mais uma coisa em que eu gostaria que você pensasse, Alvin. Para homens que vão fazer cirurgia de câncer na próstata em que os nervos não serão poupados, oferecemos a possibilidade de ter uma prótese peniana colocada na mesma operação. Consiste em dois cilindros ocos que são postos dentro das duas cavidades naturais do pênis que normalmente são irrigadas com sangue para criar uma ereção. Uma pequena bomba vai dentro do escroto, como se você tivesse um terceiro testículo. Se você quiser fazer sexo, você acha a bomba, dá algumas apertadas nela, e o pênis fica ereto. Quando terminar, você aperta em outro lugar e o pênis desce. Depois de cicatrizar, o pênis fica com a aparência e a sensação normal, e o sexo é fácil. Chamamos a colocação da prótese junto com a operação da próstata de 'reabilitação sexual imediata'. A maioria dos homens é capaz de fazer sexo logo depois, em geral em seis semanas."

"Não é perigoso fazer as duas operações ao mesmo tempo?"

"Não. Tudo o que fizemos foi emprestar uma página da experiência das mulheres com a mastectomia. Algumas dessas mulheres ficam ótimas ao ter o seio reconstruído ao mesmo tempo em que foi removido. Meu colega e eu fazemos isso já há dez anos, e em mais de 150 homens, e funcionou muito bem para eles."

"Mas como vai ser ter um implante em meu pênis? Não fica esquisito?"

"A grande vantagem do implante é que o pênis tem a aparência e a sensação normal, e o sexo é fácil e espontâneo. Se você alguma vez já tomou banho num vestiário de academia, provavelmente já viu homens com implantes, mas nem teve como perceber. Eles ficam com a aparência bem natural, estando eretos ou não."

"O que você acha que Claudia vai dizer disso?"

"Por que você não pergunta a ela? Traga-a na próxima consulta, e poderemos conversar juntos sobre tudo isso." Alvin concordou.

Alvin voltou com Claudia uma semana depois. Era de fato uma bela jovem, e parecia gostar bastante de Alvin. Claudia ficou segurando a mão de Alvin ao se sentarem um ao lado do outro no consultório.

"Alvin me contou sobre as coisas que você tem a oferecer a ele sexualmente", Claudia disse. "Ele achou que seria uma boa idéia eu também vir hoje. Espero que você não tenha nada contra."

"Claro que não", respondi. "Na verdade, os homens se saem muito melhor quando suas parceiras se envolvem com o tratamento. Sentem menos o peso das decisões. Além disso, as mulheres tendem a fazer perguntas melhores sobre os tratamentos", eu disse, e Claudia sorriu.

Continuei: "O que especificamente eu queria que Alvin refletisse antes da cirurgia era se ele estaria interessado em ter uma prótese peniana colocada durante a cirurgia da próstata. É o melhor momento de fazê-lo, já que se faz tudo de uma vez e ele pode se recuperar das duas operações ao mesmo tempo. Se você não estiver convencido, Alvin, podemos prosseguir com todos os outros tratamentos depois, mas queria que você aproveitasse a oportunidade de pensar nisso agora. É como um carro: já que o capô está aberto, pode-se tratar de todos os problemas do motor de uma só vez."

"Como os casais lidam com o implante durante o sexo?", Claudia perguntou. "Quer dizer, os homens o bombeiam antes mesmo das preliminares ou têm de parar tudo no meio para fazê-lo?"

"Uma das coisas interessantes do implante", expliquei, "é que ele permite aos casais fazerem sexo espontaneamente. Em geral leva menos de trinta segundos para o pênis ficar completamente duro. Assim, mesmo que o casal precise parar o que está fazendo para deixá-lo duro, não demora muito. Alguns homens o fazem logo no começo, outros deixam para mais tarde."

"Doutor, como é para a mulher quando o parceiro dela tem um implante?"

"Depende muito da mulher", respondi. "O pênis em si continua com quase a mesma aparência, e a ereção é muito firme. O pênis continua firme mesmo depois de o homem ter chegado ao clímax, de modo que alguns homens se sentem uns garanhões com ele." Claudia e Alvin sorriram um para o outro.

"A sensação é a mesma para a mulher quando ele está dentro?"

"Sim."

"O que as mulheres dizem que *não* gostam num implante, doutor?"

"A taxa de satisfação das mulheres é extremamente alta, Claudia. Acho que o maior problema para algumas mulheres é que elas sentem falta de saber exatamente quando seus homens estão excitados, porque o implante só deixa o pênis ereto quando bombeado."

"Pode ser perigoso para Alvin?"

"Há dois riscos principais. Um é a infecção, que ocorre em entre 1% e 2% dos homens, fazendo com que o dispositivo precise ser removido. E o outro é que o dispositivo pode eventualmente falhar. Isso pode ocorrer a qualquer momento, até mesmo um ano depois, embora em média eles durem entre dez e quinze anos. Se ele falhar, outra operação é necessária para substituí-lo."

"Alvin, meu bem, parece ser uma solução excelente", ela disse entusiasmada, com um sorriso terno. "Parece que ainda poderemos nos divertir muito com o implante. Eu não gostei das outras opções que você mencionou."

"Mas não é o Viagra", Alvin reclamou para ela.

"Mas o Viagra não está entre nossas opções, então quem liga para ele?", ela rebateu.

Alvin voltou-se para mim. "Estivemos conversando, doutor, como você pode ver. Claudia tem sido ótima. Não sabia o quanto ela podia ser ótima até ter dado a ela uma chance."

Duas semanas depois, Alvin foi submetido à cirurgia combinada para a próstata e o implante peniano. Tudo correu bem. Claudia estava esperando depois, junto com o irmão de Alvin, que viera de Chicago. Eu soube depois que só na semana antes da cirurgia Claudia e o irmão de Alvin ficaram sabendo da existência um do outro. Parece que Alvin mantivera sua vida pessoal a distância de todo mundo.

Três meses depois, Alvin voltou ao consultório com Claudia. Ele parecia bem e estava bronzeado. As rugas de preocupação em sua testa haviam desaparecido. "Como vão as coisas?", perguntei.

"Não posso dizer que é exatamente o mesmo de antes da cirurgia, mas não há dúvida de que tanto Claudia quanto eu estamos satisfeitos. Fazemos sexo sempre que dá vontade, e agora eu mal penso no implante. Eu até tomo banho no vestiário da academia e, como você disse, ninguém percebe. Mas há outra coisa, doutor, que preciso mencionar."

"O que é, Alvin?"

"Essa coisa toda do câncer mudou completamente a minha vida. Para melhor. Sei que soa estranho, e gostaria de não ter tido câncer, mas me sinto mais vivo agora, e graças em boa parte a você minha vida na realidade tem sido mais plena." Ele fez uma pausa para refletir. "Claudia mostrou ser uma parceira fabulosa para mim." Ele olhou de relance para ela, e pude sentir o afeto entre os dois. "Ela tem sido incrível. Posso conversar com ela, e isso faz uma enorme diferença. Então, pedi a Claudia para se casar comigo, e ela aceitou."

"Parabéns! Essa é uma notícia maravilhosa!"

"Mas tem mais, doutor. Agora tenho um relacionamento com meu irmão também. De fato, descobri todas essas pessoas em volta de mim que têm sido ótimas, mas eu nunca as deixara entrar em meu espaço pessoal. Você me encorajou a confiar em Claudia e compartilhar meus medos, e isso começou um ciclo positivo que mudou minha vida. Então muito obrigado. Têm sido uma jornada e tanto esses últimos meses."

O QUE A MULHER DEVE FAZER?

É difícil para as mulheres saber como lidar com seus parceiros ao serem informadas do tratamento para o câncer de próstata. Claro, elas querem encorajar seus parceiros a fazer o que for melhor para eles, e sobreviver ao câncer é em geral a consideração mais importante.

Mas e quanto à satisfação sexual? É certo para uma mulher admitir que gostaria de poder fazer sexo depois do tratamento de seu parceiro? Ou isso é pressionar indevidamente o homem para que ele escolha um tratamento de modo a poder depois satisfazer o que ela pede ou precisa? Ou é melhor para a mulher ser abnegada, dizendo: "Não, não, tudo bem, eu na verdade não queria nem precisava mais de sexo"? E se a mulher realmente não ligar para sexo?

A DESAPROVAÇÃO DE UMA PARCEIRA

Uma vez eu estava conversando com um casal sobre as opções sexuais, antes da cirurgia que o homem faria logo mais por causa do câncer de próstata. Quando comecei finalmente a falar das vantagens dos implantes penianos em comparação com os outros tratamentos, o homem ia assentindo com a cabeça enquanto eu falava, como se dissesse: "Sim, sim, sim". Comicamente, sua mulher ao lado balançava a cabeça ao mesmo tempo, como se dissesse: "Não, não, não".

Quando terminei minha parte, perguntei a ambos se tinham alguma pergunta a fazer. "Não, você foi bastante claro", disse o marido. "Querida", ele se voltou para a mulher, "o que você acha do implante peniano?"

"Não é para você", ela replicou.

"Oh", fez o marido, obviamente desapontado.

"Por que você diz isso?", indaguei.

"Doutor, de jeito nenhum vou querer que meu marido ponha algo artificial assim dentro dele. Não é natural. Quem sabe o que pode acontecer com uma coisa dessas?"

"Mas homens e mulheres têm colocado dentro de seus corpos dispositivos artificiais todos os dias", rebati. "Válvulas no coração, vasos sanguíneos artificiais, marca-passos, novos joelhos e quadris. Esses dispositivos artificiais nada têm de novo ou misterioso e permitem às pessoas que tenham vidas mais confortáveis e agradáveis."

"Pode até ser, doutor, mas um implante no pênis? Não é para ele."

Desta vez o marido interveio. "Mas por quê, querida? Poderíamos fazer sexo de novo, como nos velhos tempos."

"O que me importa agora", ela respondeu com firmeza, "é que você fique saudável e possa me fazer companhia por mais sessenta anos. Além disso, eu não tinha passado pela menopausa nos 'velhos tempos'. Por que iria querer você atrás de mim daquele jeito de novo? Não somos mais tão jovens. Vamos deixar como está e, se quisermos, podemos voltar a pensar nessas coisas depois da cirurgia."

Não é de surpreender que eles nunca mais tenham me procurado. Para algumas mulheres que chegaram a uma certa idade, o sexo simplesmente não é mais uma prioridade. E talvez nunca tenha sido. Mas companhia é outra coisa, e também a saúde do parceiro. Se o sexo não é uma prioridade, por que correr o menor risco que seja por ele?

UMA MENTE ABERTA

Já Jill e Harold formavam um casal inteiramente diferente. Harold era professor do ensino fundamental numa cidadezinha de New Hampshire e havia pesquisado suas opções na internet depois de ter sido diagnosticado com câncer de próstata lá mesmo. Harold e Jill haviam decidido fazer a viagem de três horas de carro para aproveitar as vantagens da merecida reputação de Boston como um dos melhores lugares do mundo para tratamento médico. Depois de consultas com os médicos do Dana Farber Cancer Institute, fui indicado a eles para se informarem mais sobre o que esperar após o tratamento de Harold e também o que poderiam fazer para restaurar sua vida sexual se Harold ficasse impotente.

Jill era a bibliotecária da cidade e um ano mais nova que Harold. Haviam se casado jovens e tinham dois filhos crescidos que já tinham suas próprias vidas.

"Essa coisa de sexo é muito importante para nós dois", Jill me informou. "Bem, talvez eu devesse dizer que é muito importante para *mim*", ela disse alto, e os dois riram juntos. "Aliás", ela continuou, "se realmente existe o risco de Harold não mais ser capaz de ter uma ereção depois do tratamento, talvez você devesse nos dar agora um balde cheio de Viagra para que a gente possa aproveitar ao máximo enquanto pudermos!" E os dois riram com vontade de novo.

Quando perguntei o que haviam decidido quanto ao tratamento do câncer, Harold respondeu: "Vou fazer a cirurgia preservadora dos nervos. Sem a menor dúvida."

"Quanto mais nervos, melhor!", Jill exclamou.

"A sério, doutor", Harold continuou, "qual o sentido de ficar vivo se não se pode gozar a vida?"

"Ficou claro ra nós que a preservação dos nervos pode não funcionar", Jill disse. Nesse caso, simplesmente passaremos ao plano B, e você pode prescrever o Viagra, ou injeções, ou o que ache que vá funcionar. Mas vamos dar à cirurgia uma chance, e então veremos o que precisamos fazer. Estamos nos divertindo demais com sexo para desistir dele sem lutar! Certo, querido?", ela arrulhou, assumindo uma pose teatral à espera de um beijo. Harold beliscou-a, e Jill deu um gritinho fingindo dor.

"Jill e eu tivemos muita sorte, doutor", Harold disse num tom mais sério. "Sabemos que na vida nada é garantido e que se pode perder tudo num instante. É por isso que tentamos extrair o máximo que podemos de cada momento."

Harold e Jill tinham uma atitude maravilhosa diante da vida e uma maneira aberta de lidar com sexo. A cirurgia de Harold correu bem e ele parecia ter se curado do câncer. Mas, durante os seis meses seguintes à cirurgia, ele receou que seu pênis não mais fosse ficar duro por conta própria. O Viagra não funcionou e, quando propus as injeções, Jill virou para o marido e disse: "Caríssimo marido, acho que vou gostar muito desse tratamento. Quero que você o experimente".

"Para você é fácil falar", Harold respondeu. "Não é você quem precisa enfiar um agulha nas suas partes pudendas!"

"Ora, vamos, Coração-de-leão. Vamos tentar." Eles tentaram, e aliás com muito sucesso, de acordo com os informes que recebi de Jill. E, melhor ainda, as ereções de Harold começaram a voltar depois de alguns meses, e o Viagra funcionou pela primeira vez. Não demorou muito para Harold passar a usar o Viagra apenas para "ocasiões especiais", pois suas ereções em geral eram boas.

Quando Harold e Jill voltaram para um acompanhamento seis meses depois, perguntei a Jill como tinha sido para *ela* ter experimentado todos esses diversos tratamentos e quais tinham sido seus efeitos na vida sexual deles.

"Foi tudo um tanto esquisito, para falar a verdade", ela respondeu, seriamente. "Ereções que nunca acabavam com as injeções, planejar o sexo entre as refeições com o Viagra. Foi tudo muito diferente de como as coisas eram antes da cirurgia. Mas nós nos ajustamos, fizemos piadas, e acabamos nos divertindo com a coisa toda. Se você for realmente pensar no assunto, não há nada de 'normal' no sexo de qualquer forma. O truque para mim foi abandonar a idéia de que o sexo tem de seguir um roteiro predeterminado."

Achei que havia sabedoria no que Jill disse, não só em relação ao sexo, mas ao resto da vida, bem como aos relacionamentos.

APRENDENDO COM O VIAGRA

O tratamento do câncer de próstata traz uma série de desafios sexuais incomuns para os homens e suas parceiras. Para os homens que irão fazer cirurgia, a mudança é abrupta, particularmente para aqueles que sabem que seus nervos não serão poupados, pois podem ter de enfrentar a noção de que a última vez em que serão capazes de fazer sexo sem alguma ajuda pode ser a da noite antes da cirurgia.

Outra mudança sexual enfrentada pelos homens que se submetem à prostatectomia radical é a falta de ejaculação: nenhum fluido sai quando eles têm um orgasmo. Tudo o que produz o fluido é removido ou amarrado na cirurgia. Surpreendentemente, isso não parece interferir na sensação prazerosa do orgasmo. A maioria dos homens não percebe muita diferença. Alguns até dizem que a sensação é mais intensa depois da cirurgia.

É uma surpresa para muitos homens descobrir que ainda podem ter orgasmos, embora secos, depois da cirurgia de câncer de próstata. O tratamento do câncer de próstata, incluindo a cirurgia, não significa o fim da vida sexual de um homem. A cirurgia não prejudica os nervos que dão ao pênis a sensação sexual nem aqueles envolvidos em chegar ao orgasmo. Espantosamente, mesmo homens que não conseguem obter uma ereção ainda podem quase sempre ter orgasmo. Talvez seja preciso simplesmente maior esforço com um pênis mole.

Enfrentar a impotência coloca uma variedade de questões emocionais para os homens. A principal delas, em minha experiência, é a percepção da mortalidade e de se tornar instantaneamente "velho". Enquanto a maioria dos homens que têm disfunção erétil vê o problema se desenvolvendo gradualmente, e com freqüência durante anos, os homens que têm de enfrentar o tratamento para o câncer de próstata vivenciam a mudança imediatamente. Além disso, muitos dos homens que fazem cirurgia para câncer de próstata estão com saúde excelente, enquanto homens com disfunção erétil têm algum outro problema médico que contribuiu para a disfunção.

É notável o quanto pode ser importante para os homens a capacidade de fazer sexo, e isso fica evidente quando eles enfrentam um tratamento para câncer de próstata. O impacto emocional da cirurgia ou da radiação não parece grande em homens que já desenvolveram impotência. Mas para homens que têm de enfrentar a perspectiva de subitamente perder a capacidade de "desempenhar" sexualmente ele traz problemas como o de se tornar instantaneamente "velho", a solidão e o medo de nunca mais ser amado de novo.

Não é por mero acaso que a palavra *impotente* conota tanto a disfunção erétil quanto a falta de poder. Vejo essa sensação de falta de poder toda semana em homens que perderam suas ereções em cosnseqüência do tratamento do câncer de próstata. Esses homens andam diferente, falam diferente, e é óbvio que se percebem de maneira diferente. É quase como se sentissem ter sido removidos do mundo onde até então viviam. Restaurar as ereções nesses homens é mais que simplesmente conseguir um pênis firme. É também um tratamento para a alma.

As mulheres descobrem que é difícil saber exatamente como se comportar quando seu parceiro enfrenta escolhas sobre tratamentos para o câncer de próstata que podem torná-los impotentes. É difícil equilibrar o desejo de apoiar e aceitar com suas próprias emoções e vontades. Não há uma resposta correta para como agir. No entanto, como Jill apontou, é mais fácil adaptar-se a novas situações e ser capaz de ainda desfrutar um do outro quando se abandona a noção de que a vida, ou o sexo, tem de ser de uma certa maneira.

O Viagra continua sendo a primeira opção de terapia para qualquer homem com problemas de ereção após o tratamento para câncer de próstata, mas sua eficácia pode ser decepcionante, em particular para homens que passaram por uma prostatectomia radical em que os nervos foram danificados. O Viagra funciona melhor para homens que já são capazes de ter ereções parciais, quando então o medicamento lhes dá o necessário empurrão.

LIÇÕES

- Todos os tratamentos para o câncer de próstata, com irradiação externa de sementes radioativas ou cirurgia, podem causar problema nas ereções.
- A cirurgia pode causar mudanças sexuais adicionais, entre elas a perda do líquido ejaculatório. A sensação no pênis, no entanto, não muda, e a vasta maioria dos homens continua podendo ter orgasmos, mesmo que o pênis nunca fique duro.
- O Viagra é a terapia mais comumente prescrita para homens após o tratamento para o câncer de próstata, mas freqüentemente é ineficaz, em particular depois da cirurgia. Os melhores resultados ocorrem em homens que tiveram os nervos preservados em ambos os lados, e há menos eficácia em homens com apenas um nervo preservado. O Viagra não funciona para homens em que nenhum dos nervos foi preservado, pois atua intensificando o sinal nervoso. Nenhum nervo significa sinal nenhum, e isso quer dizer que o Viagra nada tem para intensificar.
- Há outras opções além do Viagra disponíveis para ajudar os homens a ter relações sexuais satisfatórias após o tratamento do câncer de próstata. Injeções penianas são altamente eficazes e não requerem a presença de nervos

intactos. Outras opções são implantes penianos, dispositivos de vácuo, ou uma pastilha colocada no orifício do pênis que tem o mesmo efeito das injeções penianas.

- Alguns homens que sabem que ficarão impotentes depois da cirurgia contra o câncer podem escolher ter um implante colocado na mesma operação.
- Psicologicamente, o tratamento para o câncer de próstata pode ser difícil para os homens porque eles têm de lidar com questões relacionadas à mortalidade e ao envelhecimento, além das preocupações quanto à sexualidade.
- Homens que não estão num relacionamento estável e de longo prazo podem ter de enfrentar decisões mais difíceis e maior estresse, já que eles podem considerar a sexualidade bem-sucedida como um passo necessário para encontrar e manter uma parceira.
- As mulheres também passam por dificuldades quando seus parceiros lidam com o câncer de próstata e as conseqüências do tratamento. Embora a segurança e a eficácia do tratamento sejam as questões mais cruciais, a sexualidade também pode ter grande importância. Quanto mais envolvida a mulher estiver nas decisões médicas pré- e pós-tratamento, melhor será para a relação, em termos de sexo e em outros aspectos.
- As mulheres têm uma variedade de reações aos tratamentos de câncer de próstata que pode tornar seus parceiros impotentes. Para uma mulher que não acha o sexo prazeroso, pode realmente ser um alívio ter em vista um futuro sem mais contatos sexuais. Para outras, que gostam da intimidade física, as mudanças que ocorrem com o tratamento do câncer podem causar uma sensação de perda, tristeza e solidão.
- O ajuste emocional bem-sucedido após o tratamento do câncer requer uma capacidade de se ajustar a novas circunstâncias e uma disposição para tentar coisas novas. Os relacionamentos florescem quando ambos os parceiros conseguem aceitar o que a vida traz para eles mesmos e para o outro.

PERGUNTAS MAIS COMUNS SOBRE O VIAGRA

P: Quão eficaz o Viagra é para a disfunção erétil?
R: O Viagra funciona para cerca de 80% dos homens com ansiedade com a performance e para cerca de dois terços dos homens com outros tipos de disfunção erétil. Não pode, no entanto, resolver problemas de potência associados a problemas emocionais ou de relacionamento.

P: Há algo similar ao Viagra para mulheres?
R: Ainda não. Mas tem havido muito interesse em encontrar maneiras de ajudar as mulheres que têm pouco desejo, dificuldades para chegar ao orgasmo, dores durante a penetração ou lubrificação inadequada.

P: Como o Viagra funciona para homens que passaram por uma cirurgia de câncer de próstata?
R: Não muito bem. Vale a pena tentar, mas na melhor das hipóteses apenas metade desses homens ficará satisfeita com o Viagra.

P: Há outros tratamentos para a disfunção erétil quando o Viagra não funciona?
R: SIM! Entre os outros tratamentos eficazes estão as injeções, dispositivos externos de vácuo, implantes penianos e até mesmo tratamentos com hormônios para homens. Homens para quem o Viagra não funciona devem procurar tratamento com um especialista na área, usualmente um urologista.

P: O Viagra é perigoso?
R: NÃO. O Viagra é notavelmente seguro.

P: E quanto às histórias de que o Viagra causa ataques do coração e mortes?
R: Houve considerável desinformação quando o Viagra se tornou disponível, e a mídia assustou muita gente com suas histórias. O Viagra agora já foi amplamente pesquisado, e não há indício algum de que o Viagra faça mal ao coração ou cause ataque cardíaco ou morte.

P: Existem pessoas que não devem tomar o Viagra?
R: Homens que usam medicamentos à base de nitrato para o coração jamais devem tomar o Viagra. Isso inclui homens aos quais foi prescrita nitroglicerina, mas a usam pouco. Nitratos tomados em conjunto com o Viagra podem baixar gravemente a pressão arterial. Homens com doenças cardíacas que não tomam nitratos podem tomar o Viagra com segurança.

P: Nitritos constituem um problema?
R: Nitritos são diferentes de nitratos e são perfeitamente seguros. Eles podem ser encontrados em muitos alimentos defumados, tais como salsichas, salame e peru defumado. Eles não interagem com o Viagra.

P: Meu médico me receitou nitroglicerina há alguns anos para o caso de eu ter dor no peito, mas eu nunca a usei. Posso tomar Viagra nesse caso?
R: Recomendo firmemente não tomá-lo. A atividade sexual pode lhe causar dor no peito, e então você ficará fortemente tentado a tomar sua nitroglicerina. Se você realmente nunca a usou, pergunte a seu médico se ainda precisa dela. Se seu médico lhe der permissão para jogá-la fora, você poderá então usar o Viagra com segurança.

P: Quais os efeitos colaterais que podem ocorrer se eu tomar o Viagra?
R: Os efeitos colaterais do Viagra podem ser desagradáveis, mas nenhum é perigoso. Os mais comuns são dor de cabeça, nariz entupido, rubor nas faces e estômago virado. Cerca de 3% dos homens percebem um halo azul por algumas horas.

P: E se o Viagra não funcionar?
R: É importante lembrar que há outros tratamentos disponíveis. Como um colega meu diz "Se você tem um pênis, nós podemos lhe dar uma ereção". Procure um especialista em disfunções sexuais, que em geral é um urologista.

P: Por que o Viagra não funcionou comigo?
R: As razões habituais são que o medicamento pode não ser suficiente para superar o problema, ou não foi tomado de forma adequada, ou seu problema é psicológico.

P: Como o Viagra é tomado de forma inadequada?
R: Há quatro erros comuns.

1 - A dosagem é muito baixa. Muitos homens precisam da dose total de 100 miligramas para ter algum benefício significativo.

2 - Fazer sexo logo em seguida a tomar o remédio. O Viagra leva um tempo para ser absorvido. Os níveis de pico ocorrem depois de uma hora se ele for tomado com o estômago vazio e mais tarde se for tomado com a comida. Se você tentar fazer sexo cedo demais, pode estar perdendo a melhor chance de o Viagra lhe ajudar.

3. Tomar o Viagra junto com a comida. A absorção é retardada se o Viagra é tomado com comida ou álcool no estômago.

4 - Não tentar realmente fazer sexo. O Viagra não cria uma ereção por si só. Ele apenas ajuda a ereção se a pessoa está sexualmente estimulada ou excitada.

P: Minha parceira e eu geralmente fazemos sexo de noite, depois do jantar. O que posso fazer para evitar a absorção retardada do Viagra por causa da comida em meu estômago?
R: Tome o Viagra mais ou menos 30 minutos antes da refeição. Os efeitos benéficos do Viagra usualmente permanecem entre as quatro e as oito horas seguintes.

P: O que o Viagra faz para um homem com ereção normal?
R: Muitos homens não sentem mudanças perceptíveis. Mas alguns notam que seu pênis fica de fato mais duro, e outros se tornam capazes de obter com facilidade uma segunda ou até uma terceira ereção depois do orgasmo.

P: O que acontece a mulheres que tomam o Viagra?
R: Até agora, os estudos não mostraram muitos benefícios para as mulheres. No entanto, algumas mulheres com o fluxo de sangue para a vagina fraco, por causa de cirurgia pélvica ou radiação, podem ter uma lubrificação melhor ao tomar o Viagra, o que pode tornar o sexo mais prazeroso.

P: Como são as novas pílulas para ereção em comparação com o Viagra?
R: É muito cedo para dizer.

P: Por quanto tempo o Viagra funciona?
R: Entre quatro e oito horas para a maioria dos homens.

P: Quanto tempo antes da relação sexual devo tomar o Viagra?
R: Alguns homens se beneficiam do Viagra apenas vinte minutos depois de tomá-lo, mas o efeito melhor em geral ocorre em uma hora.

P: O Viagra é apenas para homens mais velhos?
R: O Viagra é um bom tratamento para homens de qualquer idade que tenham dificuldades com ereções.

P: Minha mulher e eu temos brigado muito, e nossa vida sexual piorou muito. O Viagra pode ajudar?
R: O Viagra ajuda o fluxo de sangue para o pênis. Não é uma solução para problemas de relacionamento, a menos que esses problemas derivem diretamente de um problema sexual.

P: O Viagra é útil para homens jovens cuja impotência se deve à ansiedade?
R: SIM.

P: É desonesto tomar Viagra?
R: De jeito nenhum. Mas, quanto mais importante e sério for o relacionamento, mais importante é ser aberto e honesto, inclusive falando a verdade sobre medicamentos e outras coisas que influenciam a "performance".

P: Se for apenas um encontro casual, devo contar à minha parceira que estou tomando o Viagra?
R: Não acho que você precise revelar tudo a seu respeito a alguém que acabou de conhecer. No entanto, recomendo firmemente que todo homem conte a sua parceira sobre o uso de Viagra o quanto antes num relacionamento que está indo em frente.

P: O Viagra vai aumentar meu desejo sexual?
R: Não diretamente. O Viagra age no pênis, não no cérebro. Mas muitos homens se descobrem mais interessados em sexo se suas ereções ficam melhores e mais confiáveis, e portanto o Viagra pode aumentar a libido dessa maneira.

P: Como o sexo pode ser espontâneo se tenho de planejá-lo antes com o Viagra?
R: A espontaneidade é um problema para homens com disfunção erétil, e o Viagra realmente não resolve esse problema muito bem. Mas muitos homens reagem após vinte minutos se o Viagra é tomado com o estômago vazio, e não há razão para não preencher esse tempo com preliminares. Estão sendo feitas pesquisas para conseguir que esse tipo de medicamento aja mais rápido. Por enquanto, a terapia com injeções penianas ou uma prótese peniana pode ser uma melhor escolha de tratamento se o que se deseja é maior espontaneidade.

P: O Viagra vai me deixar com vontade de fazer sexo com todo mundo?
R: Só se você já tiver vontade de fazer sexo com todo mundo.

P: Meu marido vai começar a ir atrás de mulheres mais novas se começar a tomar o Viagra?
R: Só se ele já quiser ir atrás de mulheres mais novas.

P: O Viagra é um afrodisíaco?
R: NÃO.

P: Minha parceira vai se sentir diferente em relação a mim se eu tomar Viagra?
R: O Viagra com freqüência pode restaurar a vida sexual para um casal que parou de fazer sexo por causa da impotência, e pode portanto trazer de volta a intimidade física a um relacionamento. Isso quase sempre é muito positivo.

P: E se eu não tenho um problema com ereções e só tomar o Viagra para melhorar minha performance sexual? Minha amante vai se sentir diferente em relação a mim se descobrir que tomei Viagra?

R: O risco de tomar o Viagra secretamente é que sua parceira poderá achar que você está sendo desonesto com ela também de outras maneiras. É melhor contar a ela sobre o uso de Viagra o mais cedo possível.

P: O Viagra pode eventualmente ajudar num relacionamento?

R: Sem a menor dúvida. Problemas sexuais podem criar estresse num relacionamento, algo que pode ser muito melhorado com o Viagra em muitos casos. Por sua vez, isso pode ajudar alguns casais a desfrutarem mais seu relacionamento.

P: Um homem pode estar muito velho para tomar Viagra?

R: Uma mulher pode estar muita velha para comprar sapatos?

P: Há meio de evitar as dores de cabeça que o Viagra me dá?

R: As dores de cabeça com freqüência podem ser evitadas com os medicamentos usuais, tais como aspirina, acetaminophen, ou ibrupofen, tomados ou logo antes ou ao mesmo tempo que o Viagra.

P: Com que freqüência é seguro tomar o Viagra?

R: Uma vez por dia.

P: O Viagra se torna menos eficaz se eu o tomo com freqüência?

R: NÃO.

P: Posso me tornar dependente do Viagra se não havia problema com minhas próprias ereções antes de tomá-lo?

R: Não fisicamente. Mas alguns homens sentem que são amantes adequados apenas quando seu pênis tem a firmeza extra que obtém usando o Viagra, e eles podem então ficar relutantes em parar.

P: O Viagra me fará engordar?
R: NÃO.

P: O Viagra me tornará mais atraente?
R: NÃO.

P: Uma mulher pode perceber que eu tomei Viagra?
R: Uma mulher que tenha lido este livro poderá suspeitar se seu rosto e suas orelhas ficarem bem vermelhas, e você reclamar de dor de cabeça, do nariz entupido, ou do halo azul que você vir em volta das luzes. Fora isso, não há como perceber.

P: As mulheres mais velhas se ressentem se seus maridos tomam Viagra?
R: Algumas mulheres mais velhas nunca aprenderam a gostar de sexo ou têm problemas médicos que fazem com que a relação sexual seja desagradável. Essas mulheres com freqüência se sentem aliviadas quando seus maridos se tornam impotentes, e podem não gostar se o Viagra reacender o interesse sexual de seus parceiros. Mas muitas mulheres de qualquer idade ficarão entusiasmadas de poder desfrutar um relacionamento físico com seus parceiros de novo.

P: Algo de ruim pode me acontecer seu eu parar de tomar Viagra?
R: NÃO.

P: Minha parceira vai pensar que sou um idiota ou um nerd porque preciso tomar o Viagra?
R: A maioria das mulheres aceita de bom grado um homem do qual realmente gostam, independentemente de suas fragilidades humanas. Ser franco sobre a necessidade do Viagra não costuma ser um problema se existe uma ligação com ternura e afeto. Mas as mulheres não gostam de se sentir enganadas e provavelmente não vão achar grande

coisa de um homem que descobrem estar tomando secretamente o Viagra só para impressioná-las.

P: Serei capaz de fazer sexo a noite inteira se tomar Viagra?

R: Caras que não conseguem subir escadas sem bufar e ofegar não devem esperar que sejam capazes de uma farra sexual a noite inteira, mesmo com o Viagra. O coração e os pulmões irão desistir muito antes do que o pênis. Se uma maratona de sexo for a meta, recomendo exercícios aeróbicos.

P: O que podemos aprender com o Viagra?

R: O Viagra nos forneceu uma janela através da qual é possível ver a natureza maravilhosamente complexa da sexualidade e dos relacionamentos humanos. Como medicamento, revelou-se altamente eficaz em restaurar o funcionamento sexual para muitos homens com uma causa física para sua disfunção erétil, e uma dádiva enorme para aqueles que sofrem de ansiedade com a performance.

Em algum ponto do caminho, no entanto, nos agarramos ao Viagra como se ele fosse a cura para qualquer coisa que falhasse em nós mesmos e em nossos relacionamentos. Muitos homens tomaram o Viagra com esperança de resolver problemas psicológicos profundamente enraizados ou conflitos desagradáveis nos relacionamentos, só para ficarem seriamente decepcionados. Esse é o mito do Viagra.

As respostas para os problemas mais difíceis da vida não podem ser dadas por uma pilulazinha azul. O caminho para o crescimento pessoal quase sempre exige trabalho duro, na forma de auto-exame, honestidade na comunicação, e aceitação de si mesmo e dos outros. É inspirador testemunhar esse tipo de crescimento. E, graças a meus pacientes, me vejo sendo inspirado quase que todos os dias.

EPÍLOGO: O FUTURO DO MITO DO VIAGRA

QUANDO COMECEI A TRABALHAR no campo da disfunção sexual, não imaginava que iria ficar informado sobre uma gama tão ampla de emoções e expectativas de meus pacientes. Formei-me cirurgião, afinal, e, embora tenha gostado de minha passagem pela psiquiatria durante a faculdade de medicina, não tinha a menor idéia de que a parte mais fascinante de minha rotina de trabalho iria ser ficar sabendo das lutas pessoais dos homens e de suas parceiras que procuravam minha ajuda. Especializado em anatomia do pênis, entre todas as coisas possíveis, acabei dando a volta toda e chegando às complexidades da mente. Conceber o sexo meramente como o fluxo de sangue para o pênis é perder de vista o incrível panorama dos relacionamentos humanos, e todos os dias os homens e as mulheres que entram pela porta de meu consultório me relembram disso.

Nestas páginas compartilhei algumas das histórias de meus pacientes, em seus embates com as preocupações com seu funcionamento sexual, os problemas de relacionamento e seus medos pessoais. Com freqüência excessiva, esses homens buscaram a solução para os problemas de sua vida recorrendo à pilulazinha azul que tomou nossa imaginação, a pílula com um nome que sugere vigor e vitalidade combinado com o poder das cataratas do Niágara.

Num mundo repleto de conveniências, de *drive-trhough fast food*, telefones celulares, mensagens instantâneas e *global positioning systems* (GPS) em nossos carros, não é nada surpreendente que procuremos a solução rápida e fácil mesmo quando se trata de nossas vidas pessoais. Deificado em nossa cultura popular, o Viagra tornou-se a solução única para todos os nossos problemas sexuais, pessoais e de relacionamento:

"Fico muito nervoso para ter uma ereção quando saio pela primeira vez com alguém."
"Tome Viagra."

"Minha ereção não é firme o bastante."
"Tome Viagra."

"Ejaculo rápido demais."
"Tome Viagra."

"Perdi o interesse por minha namorada."
"Tome Viagra."

"Queria me sentir um supergaranhão."
"Tome Viagra."

"Quero que minha nova parceira se apaixone por mim."
"Tome Viagra."

Para emprestar e atualizar uma velha frase, se o Viagra não existisse, teríamos de inventá-lo. Junto a sua notável capacidade de incrementar o fluxo de sangue para o pênis, dotamos também a pilulazinha azul da capacidade quase mágica de resolver nossos problemas de relacionamento mais difíceis.

Como vimos nos capítulos anteriores, o Viagra de fato pode fazer maravilhas para homens com problemas de ereção. E se há problemas de relacionamento ou pessoais que derivam diretamente da incapacidade de obter uma ereção adequada, então o Viagra pode produzir pequenos milagres.

O Viagra é seguro, fácil de obter e promovido por senadores dos

Estados Unidos e atletas célebres. Não é de surpreender que o mito do Viagra tenha surgido.

E no entanto problemas complexos e profundamente enraizados nunca podem ser tratados de forma bem-sucedida pelo Viagra, porque uma pílula não pode mudar em essência quem somos nem como nos relacionamos com os outros. Mas isso não impede os homens de experimentar o Viagra. É muito mais fácil do que olhar para dentro de si mesmo ou, Deus nos livre, ter uma conversa honesta com a parceira.

Mas, por mais que busquemos as soluções fáceis, também não confiamos em coisas que não parecem naturais, aí incluídos os medicamentos. Vamos atrás de alimentos orgânicos, bebemos água mineral com pureza certificada, comemos galinha caipira e tememos antibióticos e hormônios ambientais em nossa alimentação. Lidamos com cautela com linhas de alta tensão e monitores de computador. Quando colocamos essa desconfiança de tudo o que é artificial ao lado da tradição americana de enfrentar na marra os problemas mais difíceis e acrescentamos uma pitada do puritanismo residual que permeia nossa cultura, o resultado é uma tensão em nosso mundo em relação ao uso de um medicamento para melhorar nossa vida sexual.

Apenas para ilustrar isso, outro dia uma eminente celebridade local com propensão intelectual retornou para uma consulta de acompanhamento. Eu havia tratado de uma infecção urinária menor nele, e indaguei então se ele estava tendo algum problema sexual que gostaria de discutir comigo. Era um homem saudável de 50 e poucos anos, com uma beleza de garotão, feliz no casamento e com dois filhos adolescentes. Mas acabou ficando claro que ele tivera problemas com ejaculação precoce a vida toda, e eu acabei oferecendo a ele um *six-pack* de Viagra.

Depois de ele ter relatado que os sintomas da infecção haviam desaparecido, perguntei-lhe se experimentara o Viagra. Seu rosto se iluminou com um sorriso travesso. "Sim", disse, "funcionou realmente bem. Experimentei só duas vezes, mas minha mulher ficou muito satisfeita em ambas."

"E quanto a você? Também ficou satisfeito?"

"Com certeza. Mas, como não tinha sido fácil convencer minha mulher sobre usar Viagra, o fato de ele ter funcionado foi ótimo. Quando eu disse a ela que você me dera Viagra, ela ficou brava por eu ter pensado em tomá-lo. Ela é o tipo de mulher que ocasionalmente toma uma aspirina para uma dor de cabeça, mas isso é tudo. Nem mesmo um descongestionante ela usa se tiver uma gripe forte, porque não gosta de pôr nada que não é natural dentro de seu corpo. 'Fico surpresa que você vá tomar um remédio forte como o Viagra só para ajudar no sexo', ela disse."

"O que aconteceu então?", perguntei.

"Eu disse a ela o que você tinha me dito. Que o Viagra é um medicamento seguro, e por que eu não deveria tentar algo que possa me fazer sentir melhor sexualmente? Acho que ela também ficou mais tranqüila por você não ter me dado uma receita, mas só seis pílulas. Seis pílulas não podem causar muitos problemas, podem? Acabou sendo o melhor sexo que fizemos em muitos anos, nas duas vezes que usei", ele disse com óbvia satisfação.

"Bem, fico contente que tenha funcionado tão bem para você. Agora que você sabe que é eficaz, gostaria que eu lhe desse uma receita?"

"Não, obrigado", ele disse. "Deixe-me ver como será das próximas vezes. Confesso que compartilho algumas das atitudes de minha mulher. Nós dois tendemos a não ter em alta conta pessoas que recorrem a medicamentos para lidar com as durezas da vida. Não tenho certeza se preciso de uma pílula para ajudar em meu relacionamento sexual com minha mulher, mesmo que a experiência tenha sido interessante, para dizer o mínimo. Eu ligo para você se mudar de idéia sobre a receita de Viagra."

Esse é o contraponto do mito do Viagra. Mesmo quando uma pílula traz prazer, satisfação e uma melhora na sensação de bem-estar, evitamos adotá-la de vez. Talvez seja essa a razão pela qual apenas 50% das receitas novas de Viagra são renovadas nos Estados Unidos. Queremos os resultados, mas ao mesmo tempo nos sentimos culpados. "Sim, foi ótimo, mas não é errado tomar um remédio para o sexo?"

O que o futuro trará? Nos próximos anos, é quase certo que haverá uma infinidade de novos medicamentos para ajudar e melhorar a sexualidade, tanto para homens quanto para mulheres. Em 2003 já havia dois grandes competidores do Viagra no mercado na Europa, e ambos em processo de aprovação para uso nos Estados Unidos. Um deles, o Cialis, tem a promissora característica de seu efeito durar de 36 a 48 horas. Isso significa que você pode tomar uma única pílula na noite de sexta e ser uma estrela por todo o fim de semana. O que o outro, o Levitra, tem a oferecer é que começa a agir apenas quinze minutos após a ingestão, permitindo maior espontaneidade sexual do que o Viagra. Um borrifador nasal, que irá permitir a entrada de um medicamento para a sexualidade na corrente sanguínea em segundos, está sendo desenvolvido.

Alguns dos outros tratamentos para os homens são um creme para ser aplicado no pênis, supositórios para a uretra mais potentes e pílulas que ajudarão a controlar melhor a ejaculação. Para as mulheres, também haverá pílulas, cremes, engenhocas. Já há no mercado um dispositivo de sucção para ser colocado no clitóris para estimular a intumescência, a sensibilidade e a lubrificação vaginal. Outros tratamentos e pílulas, alguns com efeitos que ainda mal podemos imaginar, com certeza aparecerão nos próximos dez anos.

O que iremos fazer com todos esses tratamentos? Iremos usá-los. Iremos experimentá-los e rir deles com nossas parceiras. Ou poderemos manter o uso dos novos tratamentos em segredo, esperando que nossa atração como seres sexuais aumente.

E no entanto, por mais que a tecnologia e a farmacologia avancem, há certas questões essenciais para todos nós que com certeza permanecerão. Posso ser amado? Sou atraente? Será que alguém me aceitará como sou? Ficarei sozinho para sempre? É normal querer fazer sexo tanto assim? Há algo de errado comigo? Por que me sinto tão diferente dos outros? E: encontrarei algum dia o amor verdadeiro?

Nesta época de pessoas que se movimentam rápido e de estilos de vida estressantes, muitos de nós levam vidas isoladas nas quais essas questões reverberam sem respostas. Mesmo em um lar estável, uma família feliz, uma comunidade pequena, essas questões essenciais surgem regularmente. Numa sociedade fragmentada de indivíduos solitários, essas questões podem se tornar maiores do que a vida. E, enquanto existirem, sempre haverá a gratificação no desempenho sexual como um substituto para o amor e a aceitação dos outros e de si mesmo. Sempre haverá a busca de uma solução mágica, fácil, para nossos problemas mais difíceis e embaraçosos. Bem depois de o Viagra ter sido suplantado por medicamentos mais eficazes, e mesmo quando o Viagra não for mais que uma nota de rodapé na história, sempre continuará a existir o mito do Viagra.

BIBLIOGRAFIA

ALTMAN, Alan M. M., e ASHNER, Laurie. *Making love the way we used to... or better: Secrets to satisfying midlife sexuality.* Nova York: McGraw-Hill, 2002.

BERMAN, J., BERMAN, L., e BUMILLER, E. *For women only: A revolutionary guide to overcoming sexual dysfunction and reclaiming your sex life.* Nova York: Henry Holt, 2001.

CHESLER, Phyllis. *About men.* Orlando: Harcourt, 1990.

FARRELL , Warren. *Why men are the way they are.* Nova York: Berkley Publishing Group, 1990.

FOWERS, Blaine. *Beyond the myth of marital happiness: How embracing the virtues of loyalty, generosity, justice, and courage can strengthen your relationship.* São Francisco: Jossey-Bass, 2000.

GURIAN, Michael. *The wonder of boys: What parents, mentor, and educators can do to shape boys into exceptional men.* Los Angeles: J. P. Tarcher, 1997.

KANTOFF, Philip, e McCONNELL, Malcolm. *Prostate cancer: A family consultation with Dr. Philip Kantoff.* Boston: Houghton Mifflin, 1996.

KIPNIS, Aaron R. *Knights without armor: A practical guide for men in quest of masculine soul.* Nova York: J. P. Tarcher, 1991.

MORGENTALER, Abraham. *The male body: A physician's guide to what every man should know about his sexual health.* Nova York: Fireside/Simon and Schuster, 1993.

ZILBERGELD, Bernie. *The new male sexuality.* Nova York: Bantam Doubleday Dell, 1999.

Este livro foi composto em Ideologica 9/14,5
e impresso pela Ediouro Gráfica sobre
papel offset 75g/m² da Ripasa. Foram
produzidos 5.000 exemplares para
a Ediouro em outubro de 2004.